幼儿园保教工作
指导丛书

U0659625

幼儿园家长工作
实操指引

韩　智　　凌春媛 / 主编

北京师范大学出版集团
BEIJING NORMAL UNIVERSITY PUBLISHING GROUP
北京师范大学出版社

图书在版编目（CIP）数据

幼儿园家长工作实操指引/韩智，凌春媛主编．—北京：北京师范大学出版社，2018.11（2023.10重印）

（幼儿园保教工作指导丛书）

ISBN 978-7-303-23706-7

Ⅰ．①幼…　Ⅱ．①韩…②凌…　Ⅲ．①幼儿园-家长工作（教育）　Ⅳ．①G616

中国版本图书馆CIP数据核字（2018）第092801号

图 书 意 见 反 馈　　gaozhifk@bnupg.com 010-58805079
营 销 中 心 电 话　　010-58802181 58805532

出版发行：北京师范大学出版社　www.bnupg.com
　　　　　北京市西城区新街口外大街12-3号
　　　　　邮政编码：100088
印　　刷：北京虎彩文化传播有限公司
经　　销：全国新华书店
开　　本：787 mm×1092 mm　1/16
印　　张：13.75
字　　数：240千字
版　　次：2018年11月第1版
印　　次：2023年10月第4次印刷
定　　价：38.00元

策划编辑：罗佩珍　　　　　责任编辑：欧阳美玲
美术编辑：陈 涛 焦 丽　　装帧设计：陈 涛 焦 丽
责任校对：韩兆涛　　　　　责任印制：马 洁

版权所有 侵权必究

编委会

　　家长是幼儿的第一任教师，对幼儿发展的影响非教师可以替代，家长也是教育质量的最佳回馈者，是教育合作伙伴和教育责任的分担者。从2016年3月1日起施行的新修订的《幼儿园工作规程》在第九章中明确指出："幼儿园应当主动与幼儿家庭沟通合作，为家长提供科学育儿宣传指导，帮助家长创设良好的家庭教育环境，共同担负教育幼儿的任务。"随着社会发展和时代进步，家长的素质有了整体提高，他们对学前教育质量的要求也相应提高。幼儿园必须相信家长有能力为教育做贡献，应当与家长分享权利和责任，主动加强与家长、社区的互动交流，充分发挥家长资源的优势，开展有效的家长工作，共同营造良好的幼儿学习发展氛围，实现家园共育，促进保教质量的提升。

　　幼儿园家长工作的组织与实施主要由幼儿园园长、教师承担，幼儿园对家长工作的重视程度、采用的方法策略以及调动家长参与教育过程的主观能动性等因素，都直接影响幼儿园家长工作的质量。深圳市实验幼教集团有限公司（以下简称"实验幼教"）基于对新时期幼儿园家长工作的认识理解以及长期的实践经验，总结提炼出了一套翔实、可操作的家长工作方法，期望能为广大的幼儿园园长、教师提供一个实践蓝本，切实帮助更多的幼儿园提升家长工作质量，在实践探索中不断提高家长工作的水平。

　　"实验幼教"所属的22所幼儿园是深圳市最早成立的一批公办幼儿园和首批优质特色示范幼儿园。12年来，"实验幼教"按照学前教育的规律，以"创办全国一流幼儿园"为目标，坚持公益导向，走内涵发展道路，在校园文化、课程建构、师资培训、家长工作、卫生保健等方面积累了丰富而宝贵的实践经验，在深圳的学前教育领域充分发挥了"领头羊"作用。本书的编写者是来自"实验幼教"22所幼儿园的管理者和教师，他们利用自身的专业基础和优势在家园共育方面进行了丰富的实践，并不断沉淀和积累专业资源。本书所有的内容均来源于一线实践者的视角和经验，力求为广大同行提供幼儿园家长工作的参考借鉴。

　　本书分为四章。第一章总体阐述了家长工作的意义、原则、策略和架构；第二章陈述了教师开展家长工作应具备的基础能力和培养途径；第三章和第四章呈现了常规性事件的家长工作和突发性事件的家长工作的各种活动类型，并提供了相应要点、组织方法、流程以及实践案例，较为完整地梳理和展示了幼儿园家长工作体系。

本书的第一章和第二章由"实验幼教"集团教务部部长韩智执笔，教务部教研员凌春媛、张敏与唐钊雅、林密、王煦3位副园长一起承担了主要修稿工作，最终统稿由凌春媛完成。第三章和第四章的案例均来自"实验幼教"所属的22所幼儿园，提供第三章常规性事件的家长工作案例的教研团队包括，深圳实验幼儿园的曾桂芬、赖方方，深圳市第四幼儿园的王定灵、游莎莎，深圳市莲花二村幼儿园的范莉、黄飞舟，深圳市第一幼儿园的林密、吴焕荣，深圳市第七幼儿园的王星、邓慧丹，深圳市梅林一村幼儿园的钱小芹、李娜，深圳市华富幼儿园的王欣、郭丹丹，深圳市第二幼儿园的唐钊雅、徐健，深圳市滨苑幼儿园的王岚、庞晓燕，深圳市彩田幼儿园的段帆、龚桂红，深圳幼儿园的丁燕、张慧敏，深圳市第三幼儿园的彭欣、李鹏，深圳市第十幼儿园的陈嘉薇、高伟，深圳市南华幼儿园的唐艳、张榕梅，深圳市第八幼儿园的张丹丹、陈海，深圳市第五幼儿园的史涛丽、张琳。提供第四章突发性事件的家长工作案例的教研团队包括，深圳市第九幼儿园的郑颖、王丽娟，深圳市莲花北幼儿园的杨华、李静，深圳市教育幼儿园的陈菲菲、董跃珍，深圳市第六幼儿园的叶穗梅、杜惠，深圳市第十一幼儿园的王煦、谭甜，深圳市第十二幼儿园的饶彤宇、林海萍。

感谢"实验幼教"所属的22所幼儿园的园长和教师，是他们积累的教育实践经验为本书奠定了扎实的基础。

特别感谢北京师范大学出版社的领导和编辑为本书的出版所付出的努力。

由于编写人员的认知视野及学术水平有限，本书还存在诸多不足之处，请广大专家、学者、同行提出宝贵意见，以利今后改进。

第一章　家长工作是高质量教育的重要因素

高质量和成功的教育不只依赖技术、设备和设施，还依赖基本的人性和社会资源。随着信息化时代的飞速发展，全民参与教育成为大方向。幼儿园在此背景下，如何以高质量的教育来获得生存与发展？如何赢得家长和社会的信任与支持，协力推动幼儿获得最大程度的发展？这些都成为幼儿园必须面对和解决的问题。幼儿园必须构筑起幼儿、家长和教师"三位一体"的学习社区，打造和谐高效的亲师团队，使之成为幼儿成长的有力支柱。幼儿园要在幼儿、家长和教师共同成长的学习氛围中，在丰富的社会资源的辅助下，使幼儿在社会化的过程中，获得个体的最优发展。

第一节　开展家长工作应该秉持的理念

一、营造教育大社区，强调每个成人的教育责任和义务

"社区"不仅指地域，还是对人们之间彼此需要、彼此支持的合作关系的描述。在社区中大家因为有共同的利益、相互的需要而互相服务和付出，每个人都承担着自己的一份责任和义务。在教育过程中，家园之间、亲师之间也存在相似的社区概念，幼儿发展是大家工作的目的和价值所在，幼儿的身心成长并不只是依赖某一方面的力量。社区中的每个人都要清楚自己的教育责任和义务，明确"只有让大家的孩子好，自己的孩子才会更好"的意义。同时，社区中有关联的成人，需要不断学习如何发挥自己的能力，为共同的目标努力；必须不断学习如何提升各自的教育素养，才能给幼儿较为完善的成长空间，使他们时时刻刻都能感受到身边每个成人的支持和关爱。因此，教育和学习社区是幼儿园必须主动建立的，重点在于强调每个成人的教育责任和义务。

二、家长是教育合作伙伴和教育责任的分担者

如何定义家长在幼儿教育中的地位，直接影响家长工作的质量。许多家长将幼儿送入幼儿园之后，往往将教育责任转移到幼儿园和教师身上。幼儿园也认为自己是"专业者"，不太注意倡导家长走进教育过程。事实上，家长是幼儿的第一任教师，对幼儿发展的影响是任何教师都不可替代的，幼儿园必须相信家长有能力为教育做贡献，应当与家长分享权利和责任，将家长视为平等的实施教育的伙伴。同时，幼儿园还要充分提升家长的教育责任感和自信心，帮助他们在教育素养和亲职技能上实现成长，使家长成为不可限量的教育资源，为教育发挥更有效的作用。另外，在与幼儿园合作的过程中，家长还能逐步形成新的教育观和儿童观，对正确回馈和评价幼儿的成长以及认可幼儿园和教师的工作，都有促进作用。因此，幼儿园和教师必须重新认识和定位家长参与教育的价值和作用。

三、构建共赢机制，实现家庭与幼儿园的良性互动

有共同的目标，就必须要有共同的途径来实施彼此的支持和帮助。因此，幼儿园一方面，要积极开放园内的各种教育渠道，让社区、家长有充分的机会参与到教育过程中，发挥教育资源的重要作用；另一方面，要主动发挥自己作为教育专业机构的作用，向社区和家长提供优质的教育服务，积极向社区的人们推广真正有价值的教育思想和方法。在彼此认同和信任的基础上，建立互动互惠的共赢机制，使家、园、社区实现良性互动，使社区中的幼儿受益。

四、幼儿、家长与教师之间相互学习、共同成长

"终身学习""在生活中学习"的观念已深入人心。在教育过程中，我们更需要亲师之间、师幼之间、亲子之间的相互学习和支持。首先，这种学习应该是人文的、人本的学习。幼儿的纯真与求实、父母的无私与关爱、教师的理性与公平，都是教育过程中的营养。其次，在幼儿发展的过程中，教师和家长不仅需要不断更新教育观念，扩大教育视角，努力学习观察了解幼儿的方法和因材施教的策略，还需要彼此的默契配合。最后，亲师间的合作能促成幼儿的进步，也能启

发教师和家长在教育观念、方法上的成长。因此，幼儿园必须努力提倡亲师之间的相互学习和支持，并在每个班级创建幼儿、教师、家长的学习团队。

五、充分整合并善用家长、社区资源

家长与社区蕴含的教育资源是丰富多元的，幼儿园和教师必须立足于教育的实际需要，认真收集、分类整理有关家长、社区资源的资料，思考如何在教育过程中适时适当地导入各种资源，并有目的有针对性地对资源进行整合与运用。同时，幼儿园和教师还要考虑人员、时间、地点、方式等要素，设计真正具有价值的家长参与活动，并注意积累每次活动的合作经验，认真倾听家长的建议，及时反馈和改善之后，再进入下一轮的合作循环，使亲师合作、家园合作愉快、有效、优质。

六、教师要积极建立良好的亲师关系

良好的亲师关系与和谐的师幼关系同样重要，都是促进幼儿发展的基本要素，因此，教师还要积极营造教室之外的人际氛围。在幼儿园的教育过程中，多数与家长沟通的场所都在班级内，主动权也在教师手中。因此，教师有义务承担起建立班级学习团队的责任，要非常清楚自己在团队中的地位和作用，那就是成为领导者并主动推进一切有效活动。教师要了解自己班级的家长情况，在沟通过程中逐步熟悉家长的个性特征，以开放的心胸接纳不同的家长，以正面积极的心态主动接触和感染他们，建立起良好的亲师关系，帮助家长自如地参与到教育过程中。

七、采取有效措施提高家长参与的实效性

幼儿园建立起家长参与教育过程的渠道后，要注意提高家长参与的实效性。首先，幼儿园必须通过系统及时的亲职教育来帮助家长提高实际的教育水平，要改变单一的家长听讲座等方式，注重亲职培训的操作性与实用性，还要在日常的沟通过程中时时渗透相关的教育资讯；其次，幼儿园要努力设计有意义的参与内容和形式，让家长觉得自己的参与有价值；最后，幼儿园还要以鼓励、表彰等方式激发家长参与的热情，让家长真正融入教育过程。

第二节　幼儿园家长工作的现状

有成效的工作，应该建立在对工作对象的充分认识和分析之上，幼儿园的家长工作从开展之初到形成卓越的双赢机制，需要一个长久的努力过程。只有家长和教师形成了共同的教育理念，形成了亲密的合作团队，倾力互助，为幼儿发展带来快乐和谐的人际氛围和良好的教育资源，才能成就教育所需要的重要基础，才能使每个幼儿园有实现自己的教育蓝图的起点和保障。

我们有必要简单了解家长不愿意参与幼儿园教育过程的原因，主要包括：一是家长有可能不信任或过分信任教师，不愿意合作或完全将教育责任交给教师；二是家长也许受自身的传统受教育方式的经验影响，认为不需要主动了解幼儿园的教育理念和方法，不愿尝试和教师合作；三是家长受自我认知的影响，如对自己的语言表达能力或人际交流能力没信心、不愿意让教师了解家庭问题或暴露自己教养方法的缺陷；四是幼儿园秉持的对家长参与教育的态度，如不重视和主动引导家长、和家长保持距离，使家长不乐意参与教育过程。

此外，我们还要了解和分析家长参与教育的不同层次（如表1-1所示），判断家长工作所处的阶段，以便更有目的、有系统地开展下一步工作。

表1-1　家长参与教育的层次分析

层　次	家长的行为	教师的行为
低参与度	等待、观望、听从安排，只接受教育结果	按固有经验组织活动，与家长保持一定距离，家长也是需要解决的问题
中参与度	配合，出力，多做少说，事务性、娱乐性的参与较多，开始明确亲师间的平等合作关系	学习倾听家长的需求和建议，开始以开放的心态和家长协作，积极组织各类亲子活动，和家长建立合作关系
高参与度	有目的地参与，明确了自己的教育责任和义务，连贯性地参与教育过程，平等自然地与教师协作，积极与教师沟通，提供各种教育资源；家长间的联系密切，一起解决班级的各种问题	积极创设班级家长委员会，主动推行自己的教育理念和课程新模式，提供多元渠道并鼓励家长参与教学的全过程；注重自身能力的提高，能客观分析班级实情，有目的、有计划、有创意地构建幼儿、家长和教师的学习团队

一、"我说你听"的低参与度阶段

这个阶段的主要特征是：幼儿园允许家长参与一些不会挑战教师专业见解或学校决策权力的活动，教师倾向于与家长保持距离，认为家长也是需要解决的问题，家长通常只能等待、观望、听从安排，获得幼儿在园生活的第二手资料，只接受教育结果。

幼儿园的工作表现主要是：教师按照传统经验工作，按照幼儿园制订的计划整齐划一地开展家长会、家长培训等工作，各班级使用的方法和形式几乎相同，常采用家长听教师汇报、培训和看幼儿的汇报结果等形式开展家长工作，家长被动地等待幼儿园给予学习资讯，没有明显的参与教育过程的热情。家长工作在班级和幼儿园的工作体系中没有得到重视。

二、"我做你看"的中参与度阶段

这个阶段的主要特征是：家长被认为是一种可挖掘的教育资源，幼儿园在家长参与教育的形式上会设置与家长讨论的程序，给家长提供自己做决定的机会，会尊重家长的选择和意愿，开始唤醒家长的教育责任。

幼儿园的工作表现主要是：在推动教育的进程中，教师开始明确亲师间的平等合作关系，学习倾听家长的需求和建议，以开放的心态和家长协作。一是尝试开放部分教育渠道和活动，如邀请部分家长到教室里根据教学主题进行相关的介绍性活动，请家长收集主题资料等，初步启动家长资源为教学服务；二是积极组织开展各类亲子活动等，和家长建立合作关系，但在活动中家长总体上还是配合，出力，多做少说，事务性、娱乐性的参与较多；三是家长培训活动有一系列内容，但仍保留单一的集体培训形式，教师尚未结合家长和班级的实际需要来确定培训的目标、内容和形式。

三、"你我同行"的高参与度阶段

这个阶段的主要特征是：幼儿园相信教师和家长双方都是教育的重要力量，幼儿园和家长是合作伙伴，都有决策的权力，能在教育观念和模式上经过沟通达成一致；家长主动参与教育过程，积极提供可能的教育资源；能建立起家长、教师和幼儿"三位一体"的学习社区，各班级能组建有特点的高效亲师团队，教师与家长能彼此支持，共同成长，使幼儿成为最大的受益者。

　　幼儿园的工作表现主要是：重新定义家长工作理念，家长工作成为幼儿园工作体系中的重要组成部分，成立教育功能齐全、具有实操价值的家长委员会（以下简称"家委会"），家委会工作活跃，能引领家长参与幼儿园工作的各个方面；主动开拓多种家长参与教学的渠道，组建家长助教、家长义工、妈妈故事团等群体，有目的、有计划地开展具体的教育参与活动；家长工作开始制度化，同时强调班级根据需要在内容和方式上要创意创新，能运用实际操作、模型讲解、图文演示、亲子作业等多种方式；开展系统的亲职教育，根据幼儿发展的需要和家长关心的热点、焦点问题设立系统内容，对家长进行教育理念和具体教育方法的指导。

　　在这个阶段，家长明确了自己的教育责任和义务，开始有目的、连贯性地参与教育过程，家长之间联系密切，平等自然地与教师协作，积极与教师沟通，提供各种教育资源，一起解决班级的各种问题。处在这个阶段的教师，积极养成开放的心态，提高沟通能力，高度关注日常的亲师交流过程，主动接纳家长建设性的意见。亲师合力，共建和谐的班级文化。

第三节　幼儿园家长工作的目标、原则与任务

　　要推动家长工作，必须着眼于幼儿的最终发展，将幼儿的福利放在首位，必须思考如何帮助幼儿周围的成年人提高教育水平，如何以多元的互动与合作方式来营造最佳的教育氛围和环境。因此，幼儿园家长工作的目标、原则与任务都必须与教师、家长这两个群体紧密联系。

一、总体目标：建设和谐高效的亲师团队

（一）培养教师的领导组织能力，引领家长走入教育过程

　　教育是在人的影响和互动中完成的，教育工作尤其需要教师具备较强的组织能力、领导能力和与人沟通合作的能力。在实施教育活动和创建亲师团队时，教师需要运用这些能力与幼儿、家长互动。因此，在家长工作中，教师的能力培养是一个重点。同时，幼儿园还要开设多元的家长参与的渠道，增强亲职教育的系统

性和针对性，不断提高家长的教育水平，充分发挥家长的作用，使幼儿受益。

（二）让教师和家长产生积极的交互作用，形成合力

幼儿园为教师和家长提供能力成长的环境后，要鼓励教师去影响、指导家长教育观念和方法的改变，建立亲密的合作关系；同时还要认真采纳家长的合理建议，引进家长资源，为教育过程服务，为教师成长服务。幼儿园要继续关注亲师间的互动内容和方式，不断提高亲师互动的质量，帮助家长和教师在各自的领域内对幼儿实施最佳的教育影响。只有这样才能形成稳固的亲师关系，形成教育合力，才会为幼儿的发展提供真正的支持。

二、总体原则：立足全局，因地制宜

（一）系统思考原则

系统思考原则是指教师要根据班级情况进行全面的分析和思考，注重家长工作计划性与灵活性的有机结合。

（二）创意原则

创意原则是指家长工作要立足于班级的实际、家长的特征和教师的工作风格，应多样化、富于创意和个性，注重友善合作的氛围的营造。

（三）及时性原则

及时性原则是指幼儿园要及时向家长传递有关幼儿发展的第一手资料，注重资讯的实效性。

（四）针对性原则

针对性原则是指教师要充分了解班级的家长和家庭资源的情况，在日常的教学过程中，有针对性、有选择、恰当地运用资源。

（五）渗透性原则

渗透性原则是指教师在与家长互动的各类活动中，要及时渗透教育新思想和

新理念，并为家长提供最直接、最具体的学习教育方法和技巧的机会。

（六）家长自主原则

家长自主原则是指家长在参与教育过程时，幼儿园要鼓励家长自己制订家庭教养计划或参与班级教育计划的形成过程，多尊重吸收家长的合理建议，相信家长具备促进幼儿发展的能力，多为家长提供做教育决策的机会。

（七）自我成长原则

自我成长原则是指幼儿园要不断提高自身的领导组织和沟通能力，掌握相应的技能技巧，不断整理和提炼家长工作的经验、方法，使自己得到专业上的成长。

三、工作任务：应覆盖家长参与教育的全过程

幼儿园要立足家长参与教育全过程的所需要素，全面思考家长工作任务，使之成为一个较为独立而完善的工作系统，并确保教职工熟练掌握，在日常的教育实践中逐一落实。

幼儿园家长工作任务主要包含六部分内容，如图1-1所示。

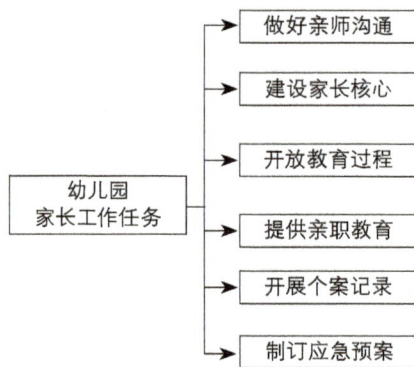

幼儿园家长工作任务
做好亲师沟通
建设家长核心
开放教育过程
提供亲职教育
开展个案记录
制订应急预案

图1-1　幼儿园家长工作任务

（一）做好亲师沟通

及时互通信息，使家长获取第一手资料是亲师之间实现良好沟通和建立信任的基石，幼儿园应当根据自己的实际情况，选择和提供多种方式，建立促进亲师沟通的良好渠道。

从方式上可分为：

纸质文本：《家园联系手册》《幼儿身心发展报告》《幼儿成长档案》，园刊、园报，各类活动通知、温馨提示便签等；

网络信息：幼儿园网站、班级网页、班级微信群、班级QQ群、专题活动报道（美篇、初页等App的使用）等；

人际互动：家访、预约面谈、随时沟通、电话沟通、亲子活动等；

活动宣教：卫生保健宣传栏、班级家园互动栏、宣传手册、宣传海报等。

从内容上可分为：

第一，每学年定期反馈幼儿的身心发展情况；

第二，按月、按活动主题展示幼儿的学习发展过程；

第三，传递幼儿园的教育理念、教育目标、教育方法、保育方法；

第四，不定期展示家长参与教育的过程与效果；

第五，随时交流反馈每个幼儿的进步和需要支持的方面；

第六，展示交流家长对家庭教育的建议和参与教育过程的经验。

在各种互动文本和宣传品的表现形式与内容上，应当注意：

第一，简洁、要点突出，便于家长阅读、理解和记忆；

第二，活泼、生动，有审美情趣，吸引家长阅读；

第三，反映国家倡导的学前教育的方针政策和价值取向，教育观、儿童观、学习观必须适应时代发展。

（二）建设家长核心

家长虽与教师联系密切，但也是独立的群体。每一个团队都需要领导者和组织者，才能正常运作和发挥作用。因此，幼儿园必须鼓励热心而有才干的家长组成领导核心，带动全体家长发挥能量。幼儿园家委会一直被视为家长的核心，传统的家委会只承担监督和建议的任务，而新型的家委会必须基于幼儿园实际工作的需要，做到目标明确、功能定位清晰、活动具体，更具实效性地参与到幼儿园的各方面工作之中。家委会一般分为园级家委会、年级家委会和班级家委会。

园级家委会负责对全园各项工作的了解、配合、建议和参与，通常由各年级家委会的负责人组成，可按照幼儿园发展所需的功能进行分组，确保各项工作有具体的人实际参与跟进。

年级家委会负责本年级各项工作的参与，通常由各班级家委会的负责人组成。年级家委会要向园级家委会反馈班级或年级家委会的工作情况或建议，向各班级家委会传达园级家委会的工作要求。

班级家委会负责本班各项工作的参与。建立并按功能分组后，班级家委会可建议所有家长依据自己的兴趣参与不同的组别，保障每个家长都有参与机会和实际任务。

　　三级家委会的组织架构、运作方式、效果反馈，可由幼儿园与家长商议确定后开展，重点围绕幼儿发展所需的要素，如幼儿学习所需的帮助支持、幼儿生活生长所需的帮助支持等。

　　三级家委会的人选由家长自荐、教师推荐或选举等方式确定，委员会的人数可占家长总人数的10%~15%。家委会可采用功能组的方式进行分工以增强可操作性，使每个成员都能明确具体地参与到幼儿园的各项工作之中，如图1-2所示。

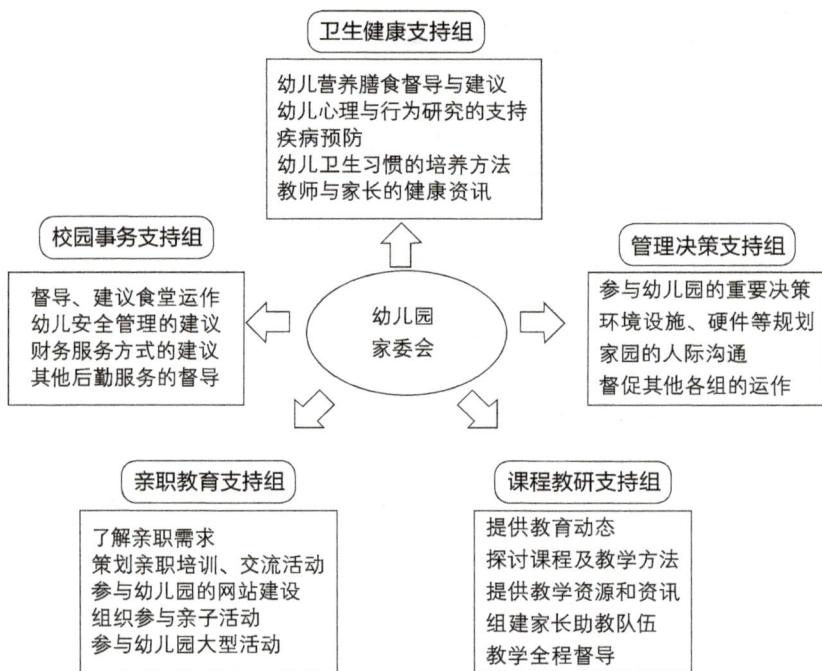

卫生健康支持组

幼儿营养膳食督导与建议
幼儿心理与行为研究的支持
疾病预防
幼儿卫生习惯的培养方法
教师与家长的健康资讯

校园事务支持组

督导、建议食堂运作
幼儿安全管理的建议
财务服务方式的建议
其他后勤服务的督导

幼儿园家委会

管理决策支持组

参与幼儿园的重要决策
环境设施、硬件等规划
家园的人际沟通
督促其他各组的运作

亲职教育支持组

了解亲职需求
策划亲职培训、交流活动
参与幼儿园的网站建设
组织参与亲子活动
参与幼儿园大型活动

课程教研支持组

提供教育动态
探讨课程及教学方法
提供教学资源和资讯
组建家长助教队伍
教学全程督导

图1-2　幼儿园家委会的功能组及工作内容

（三）开放教育过程

　　主张和欢迎家长高度参与教育过程的幼儿园，几乎所有的教育过程和工作过程都应该开放，包括教学活动、保健膳食工作、安全管理等方方面面。同时，幼儿园还要积极尝试务实透明的家长参与方式，如建立家长助教、家长义工队伍，真正调动家长的积极性，使家长成为教育过程的参与者和活跃力量。

　　家长助教以参与和支持教育活动为主要任务，教师可结合家长自身的职业、兴趣爱好，并结合班级教学的需要，与家长共同商议后，邀请家长进入班级，让家长像教师一样组织幼儿活动，传递相关领域的知识经验，为幼儿提供教育资源。

家长义工以辅助各类活动为主要任务，力所能及地为班级提供人力、外援的支持，如大型活动的筹备、日常接送秩序的维护、外出亲子活动的支持等。

幼儿园要支持家长按自己的爱好组建社团，一方面为幼儿的学习发展服务，另一方面有利于家长之间的良好沟通与共同发展。家长社团有爸爸合唱团、妈妈故事团、花艺社、烹饪社、戏剧社等。

在帮助家长进入教育过程时，幼儿园应该关注组织过程，可采取以下措施来确保家长参与教育过程的针对性和有效性。

第一，建立家长助教（义工）资源档案，分析整理家长资源的情况。

第二，家委会和教师做好倡议、组建的准备，以提前预约的方式组织家长助教（义工）到园，尽量保证每个家庭的参与。

第三，协助家长助教制订活动计划，明确参与的目的、内容和方式，帮助家长胜任活动，提高有效性。

第四，制作家长助教工作建议卡，倾听家长助教的意见，改进工作。

第五，鼓励和表彰有突出贡献的家长，保持家长参与的积极性。

开放教育过程，帮助家长进入教育过程，获益之处包括：第一，能让家长获取有关幼儿学习情况的第一手资料，体验教师的工作过程，减少对幼儿园和教师的误解；第二，能发挥家长的专业特长，为教育过程提供人力和物力资源，减轻教师的部分压力；第三，能帮助家长获得一些教育新观念和具体的操作方法。同时，开放教育过程也非常需要教师用开放的心态去面对，不把有家长在场看成压力和负担，要适应和学会与家长协作，与家长一起促进幼儿的学习与发展。

（四）提供亲职教育

幼儿园和教师要减少与家长在教育上的分歧，就必须介入家长的教育观念和方法，帮助家长更好地扮演父母的角色，培养家长正确的教养态度，提高家长管教子女的能力，改善亲子关系。只有这样，家长才能与幼儿园形成合力，促进幼儿更好地成长，这就是亲职教育。亲职教育的对象应该覆盖幼儿家庭中所有与之长期相处的人，包括父母、祖辈和保姆等。亲职教育的方式也不单纯是幼儿园的确定内容、专家授课，而应该基于幼儿园和班级家长的实际需求，采取讲座、体验式培训、案例分析、辩论赛等多种方式，以提高家长的关注度、参与度和家长工作的实效性。

1. 亲职教育的原则

（1）自愿性

自愿性是指尊重家长对内容和方式的意愿和选择，使家长对亲职活动保持兴趣和热情。

（2）实用性

实用性是指减少纯理论的传授，帮助家长获得解决实际问题的方法和技巧，使他们在家庭和幼儿园里能学以致用。

（3）即时性

即时性是指以幼儿园、班级、家庭中正在发生的共性问题为学习内容，及时解决面临的难题。

（4）连续性

连续性是指有层次、有计划地提供相同范畴和领域内的学习内容，帮助家长在一定时间内掌握较为完整的知识。

2. 开展亲职教育的主要策略

（1）内容兼顾知识、态度与技能

亲职教育的内容应兼顾知识、态度与技能。例如，"亲子共读"的内容应该包括如何选择好读本、如何分析读本的结构和情感、怎样为幼儿诵读、怎样和幼儿一起讨论读本等，能帮助家长完整地掌握某一种具体的教育技能。

（2）提供具体的方法

亲职教育不仅要告诉家长什么不可以做，而且应当提供有效的替代做法，提供多种选择，让家长可以根据不同的情况和需要，选择相应的管教方法。例如，家长不应打骂幼儿，但当幼儿表现出不适当的行为时，亲职教育能告诉家长具体应该怎么办。

（3）为家长提供有效的生活技能

教养幼儿牵涉到许多技巧，家长具备这些技能后有助于他们胜任父母的角色。因此，亲职教育也要为家长提供自我成长的技巧，如沟通技巧、问题解决技巧、社交技巧、情绪管理技巧等。

（4）选择适当的师资和方式

外界专家不是唯一可以开展好亲职教育的人，幼儿园中教学经验丰富且有独特见解的教师、家长中有专长的人士都可以成为亲职教育的教师；在方式上，不需拘泥于讲与听的单向形式，可以采用体验式、游戏式、实物操作、案例讨论等活泼的形式，激发家长的学习热情，增强学习效果，如"亲子语言研习班""幼儿数学活动营""亲子影片欣赏会""家庭美工教室""父母读书会"等。

　　亲职教育的对象、组织形式和活动方式如图1-3所示。

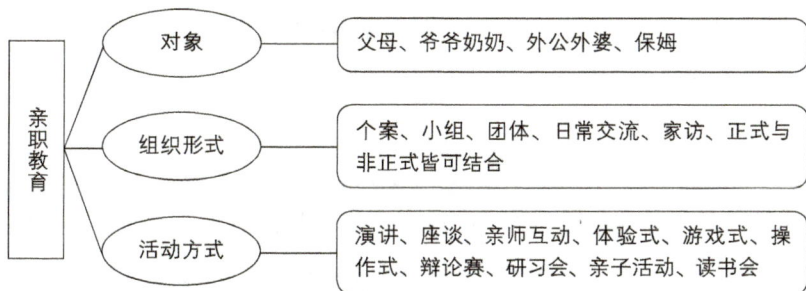

图1-3　亲职教育的对象、组织形式和活动方式

　　3．开展亲职教育的途径

　　第一，在学期初始和结束的家长会上，可安排亲职教育小专题活动。

　　第二，在提供教育资讯时，注意渗透亲职教育的理念和方法。

　　第三，班级家委会可组织家长进行自助式学习，方案、形式、次数自定。

　　第四，幼儿园或班级根据班级家长的情况，有目的地定期开展较为正式的亲职教育，方案、形式、次数自定。

　　第五，每学期的"家长开放日"活动结束后，开展相关的亲职教育讨论。

（五）开展个案记录

　　随着社会的发展和认识程度的提高，我们会发现一些幼儿在幼儿园学习生活的过程中会出现身体、行为与心理的异常现象。针对这些现象，教师有必要认真面对，并和专业医生、家长共同努力，通过创造安全温暖的学习生活条件，协助开展科学合理的干预和矫治，使问题幼儿尽早改善，尽快融入集体生活中。

　　个案记录的情况包括：身体需特殊照顾的幼儿，如有过敏史、有癫痫等病史、身体轻微残疾；出现行为和心理异常现象的幼儿，如有多动、孤僻、有攻击行为等表现，这些表现不一定需要专业机构的医生鉴定，但与其他幼儿的表现要有明显的差异。

　　个案记录的方法：加强有针对性的观察，客观记录问题幼儿的语言、行为和身体表现，以及异常现象出现的时间和频次，不做评断，不下结论；记录教师、园医和保育员对此类幼儿采取的回应和保护措施；记录与家长面议或电话沟通的要点、过程和双方达成的意见等内容；记录专业机构的正式医嘱，在幼儿园和班级内落实的配合措施，以及幼儿的表现和发展进程。

幼儿的个案记录，体现了面向全体幼儿，促进他们共同发展的教育理念，是幼儿园、教师应尽的职责，对个别幼儿和家庭也具有非常重要的积极意义，值得重视，值得付出。

（六）制订应急预案

幼儿园在正常运作的过程中，即使有高度负责的态度、完善的制度体系、积极有效的防护措施以及和家长携手共建的良好氛围，也不能完全避免幼儿意外事故、卫生防疫风险和教育见解分歧。因此，幼儿园必须提前思考相关情况，制订详细的应急预案和工作流程，以便在问题发生时能快速、稳妥、有效地解决。

应急预案的内容可包括：日常幼儿意外伤害（幼儿间的冲突、异物吞咽、烧烫伤、误服药、高烧惊厥、摔伤等），传染性疾病（呼吸道病毒、肠道病毒等），家长投诉（家长之间的矛盾、家长投诉教职工等）。

应急预案的写法主要包括：对情况的定位、分析，理清类别；处理方法的原则和要点；人员职责和分工；应急工作流程；通知、公告、报告等常规文件的行文模板；事后的检讨与反思。

家长工作是一项细致而长期的工作，需要幼儿园和教师树立正确的理念，勇于开放教育过程，精心建设家长组织，支持引导家长成为同一学习社区的伙伴、教育事业的有力支持者。家长工作需要花费大量的时间和精力，也需要创意和能力，不同的付出必然换来不同的成效。我们相信，一个能让家长高度参与教育的幼儿园，必然是品质优越、教师自信、幼儿快乐成长的专业机构。

第二章 开展家长工作所需的素质

　　教师的素质是影响教师与家长合作的重要因素，教师与家长双方都有积极合作的意愿，但是常常由于彼此缺乏了解、无法互相体谅或不熟悉沟通技巧等原因，无法形成良好的合作关系。幼儿园是教师与家长合作的主要场所，教师与家长的沟通合作大都发生在幼儿园里。教师掌握更多的主动权，有责任成为亲师合作关系的创造者，幼儿园有义务支持教师改善自身态度和沟通技巧，使之成为学习社区的领导者，积极引导家长参与教育过程，形成教育合力。各园在促进教师专业成长的系统中，应当设置提高教师沟通能力和领导能力的相关内容，同时开展较为具体的能力培训和技巧辅导。

第一节　开展家长工作所需的观念

一、帮助教师了解家长的角色及意义

　　幼儿园应当帮助教师主动理解家长角色的多种意义，了解教师角色与家长角色的异同，支持教师形成开放接纳的心态，为亲师合作奠定良好基础。

　　家长在生活中扮演多种角色：首先，家长是养育者，能给幼儿的成长和发育提供物质和精神支持，给予幼儿关怀、教育和保护；其次，家长是社会成员和工作者，除了扮演父母的角色以外，家长还扮演着不同的社会角色（如职务角色、专业角色），由于事业压力大、工作时间长等因素，家长不能将所有的精力都放在幼儿身上；再次，家长是不同的独立个体，有不同的成长背景、社会经济地位、个性和文化价值观，同时随着经验的积累，一些观点和认识还在发展变化，对教育的认识也各具特点；最后，家长是教育消费者，为了使幼儿实现良好的

发展，家长愿意投入金钱与精力，愿意承担经济上的压力来换取幼儿的健康成长，满足幼儿对优质教育的需求。

家长的多种角色要求教师做到以下几点：应当尊重家长为幼儿提供的各类家庭教养模式；理解家长在时间、经济上的压力，在邀请家长参与教育过程时，应精心设计，充分准备，让教育活动成为有价值的活动，让家长觉得花费时间和承受压力是值得的；应把面对不同年龄、不同个性的家长看成一项挑战，尽可能地了解接受他们对幼教的不同反应，以正面引导的方式帮助家长逐步认可幼儿园的教育思想和方式；应当善于发现家长的各种教育需求并提供资讯和方法，使家长逐渐与教师形成教育共识，相互支持，共同完成教育目标。

我们可以通过表2-1比较一下父母角色与教师角色的差异。

表2-1　父母角色与教师角色的差异

角色向度	父　母	教　师
功能范围	扩散而无限 （假期、健康、社交等）	特定而有限 （只限于校园和课堂生活）
情感强度	强 （关切与幼儿有关的任何事）	弱 （关注幼儿在校园内的生活）
对幼儿的依恋	长远、持久、深入	适度、过程化 （教师知道师幼关系是短暂的）
理性	适度的非理性、无条件的爱	适度的理性 （由于情感上的距离，教师能客观分析情况）
自发性	适度的自发性 （依情感的感应来行动，常用立即、直接的方式）	适度的计划性 （客观地计划、评价）
偏袒性	偏爱	公平
责任范围	自己的孩子	整个班的幼儿

以上分析和比较，能帮助教师清楚地发现教师与家长的差异，使教师理解为什么家长有时会和教师产生矛盾和冲突，教师可以尝试在什么时机、什么程度与家长找到契合点。幼儿园要支持教师坦然面对在家长工作中遇到的人际沟通障碍，帮助教师形成较为开放的心胸，以便更好地开展家长工作。

二、帮助教师丰富角色内涵

　　幼儿园有必要帮助教师对自己的角色内涵进行全面的认识。幼儿园教师不是普遍意义上的角色，只对教学工作负责，而应该立足3~6岁幼儿学习发展的需要，保教结合，同时还要从家长、社区中主动寻求教育合作和教育资源。幼儿园教师不仅要按照自己班级幼儿的实际发展需要来设计教学内容、形式，还要进行教育实践，并且主动向家长说明、推广教育思想和方法。每一个步骤都需要教师自己去执行和完成，幼儿园的行政和后勤力量往往只能是隐性的支持和服务，许多问题还需要教师直接去面对和解决。因此，幼儿园要重新挖掘和提升教师的职业内涵，帮助教师树立社会工作者的角色意识，使教师明确，单纯面对幼儿，并不能达成优质教育的目标，必须要以社会工作者的角色去尽自己的义务，主动传播正确的教育信息和思考方式，去影响与教育相关的每个人，真正获取丰富的教育资源，形成教育合力，提高教育质量。

三、协助教师建立良好的心态

　　教师积极正确的想法和态度是亲师合作成功的基础。幼儿园在支持教师改善自身固有想法和态度、改变陈旧观点的同时，还应该帮助教师建立良好的自我概念，培养适当的心理调适能力，为教师快乐地承担家长工作做好铺垫。

（一）教师对专业者的认识

　　教师与家长的合作关系建立在教师是专业教学角色的观念之上。传统的专业者为提高自己的地位，维护自己的权威，倾向于与家长保持一定距离，用单向的方式为家长提供幼儿的成长情况，家长只能接受教育结果，不能介入教育过程，同时在教师眼中，家长也是需要解决的问题。要建立亲师之间的合作关系，教师必须放下专业者的架子，接受亲师之间平等合作的概念，相信家长是主动的一员，有能力为教育做贡献。教师应当与家长分享权利和责任，充分考虑家长的意见，在合作中和家长互相学习、互相支持，视家长为教育伙伴，发展持续的合作关系。

（二）教师对自我价值的认识

与家长沟通合作是一个复杂长期的过程，教师只有对自我准确定位才能达到较满意的效果。教师应当对自己的优缺点、价值观有所认知，准确了解对于教师来说什么才是最重要的。准确地为自己定位，可以使教师尊重自己，尊重家长，把握在教育价值体系中能妥协和不能妥协的范围，正确地引导家长在教育问题上和教师达成共识。

（三）教师的亲和力

亲和力的内涵是倾听、等待的能力，谦恭的心态和开放的心胸。教师的亲和力会使亲师合作变得轻松自在，使教师与家长在交流碰撞中产生良性的合作，即使合作失败了双方也会继续努力尝试。

（四）教师的同理心

能与人良好合作的教师都展现出了可贵的同理心，无论家长的背景和个性有何差异，他们都能在了解家长的想法时体会家长的感受。建立同理心的基础和前提是教师对情感情绪的敏感性，这种敏感性是教师在日常工作中培养的，是教师和家长建立相互尊重和相互信任的关系的第一步。

（五）教师对家长的尊重

与家长建立合作关系的教师要表达对家长的真正尊重。在日常的沟通交往中，教师对家长教养方式的尊重、对家长个别教育需求的尊重，将使家长因受到尊重而愿意去学习更多的正确的教育观念和方法，更尊重教师，能为形成良好的亲师关系奠定愉快的基调。

第二节 开展家长工作所需的能力

一、组织与领导能力

教师的组织与领导能力，不仅在教育教学中很重要，在开展家长工作中也很重要。因为，教师要常常面对整个班级的家长，来进行家长会、亲职教育、亲子活动等集体活动。组织与领导能力没有固定的培养模式和教材，这种能力的培养更多的是靠教师在实践中锻炼和积累经验，因此，幼儿园需要提供专门的机会和专人指导，如分管教学的副园长或主任要有培养教师组织与领导能力的意识，并主动寻求相关培训方法，支持指导教师提升组织与领导能力。幼儿园在全园工作过程中，可以依照自己的实际情况，在各种类型的活动中，有目的、有计划地为教师提供练习机会，让工作内容和过程成为教师提高能力的契机，让每个教师都尝试自己设计、主持、组织、实施和反馈各种活动，以达到潜移默化地提高教师的组织与领导能力的目的。

除了教育教学活动外，幼儿园还可以根据不同层次的教师的基本素养和资历，为她们提供她们能胜任的其他活动，在活动过程中有意识地培养她们组织策划、领导实施的能力。

园内活动：每学期宣讲汇报班级计划；每周晨会；班务会；年级家长会；年级组亲子活动；各种亲职培训活动等。

园外活动：片区活动的培训讲课任务；与社区合作开展的宣传活动；对外的家长共育活动；教育行政部门或学术组织举办的学术交流或教学观摩活动等。

二、沟通能力

教师与家长之间能形成良性互动还依赖于教师有效的沟通技巧，特别是口语表达能力和非言语感受能力。经过一定培训的教师，会在与家长交流时有意识地控制交流气氛，辨识家长的真正用意，正确客观地表述自己的想法和建议，达到和谐沟通的效果。所以，幼儿园有必要为教师提供一些与家长合作的知识和方法技能，教师掌握得越多，才能和家长沟通得越好。

教师沟通能力培养的基本内容如图2-1所示，包括：对沟通形式的理解辨析，对具体沟通方法（包括倾听、表达、配合肢体语言等）的学习，对实践中所需的具体方法（包括解决冲突、熟悉家长会流程及指导语等）的指导。

在教师的培养方式上，幼儿园可以借助外界的专门师资开展系列课程，也可由幼儿园梳理总结有效的实践方法自行培训。

幼儿园园长、分管业务的副园长要树立重视培养教师的沟通能力的意识，在日常工作中可就具体的工作案例或现象，随时、及时指导教师与家长沟通。

教师对沟通能力的学习，不仅可以帮助教师在亲师合作中发挥作用，还可以

如何倾听
真正的倾听
虚应式的倾听
倾听的障碍
有效的倾听

辨析不同的沟通方式
表面化的方式
命令的方式
理性的方式及步骤
关心的方式及步骤

培养沟通能力
的基本内容

如何表达
表达观察的方法
表达思想的方法
表达感觉的方法
表达需要的方法

工作中的沟通方法
如何做成功的演讲
如何处理冲突
如何开亲师会议
如何进行亲职培训
如何组织亲子活动

如何使用肢体语言
面部表情的运用
声音、语气的使用技巧
手势的含义与运用
身体姿态的方法
空间距离的把握

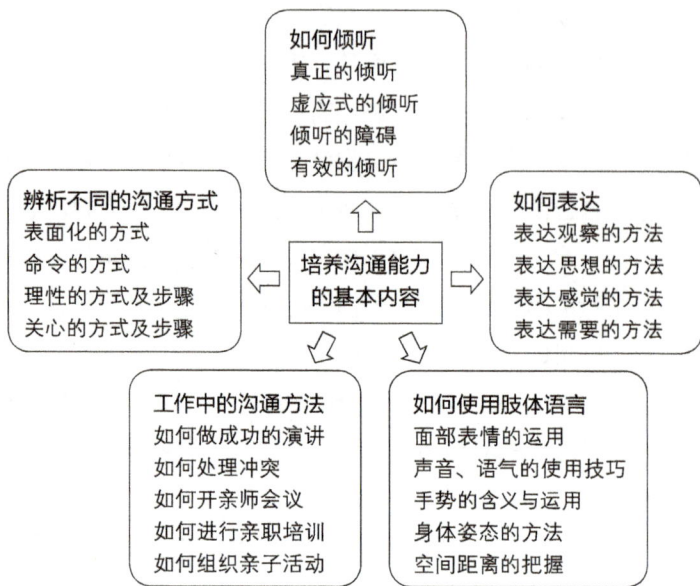

图2-1 培养沟通能力的基本内容

使教师在师幼互动、同事间互动中，成为一个善于与人沟通合作的人。营造良好的人际氛围，可以使教师工作愉悦，提升工作效率，一举多得。

当一个幼儿园中幼儿、家长、教师都能做到彼此信任和尊重，携手成长，共同进步，就能构筑起幼儿、家长、教师"三位一体"的学习社区，实现高质量的家长参与和良性的家园互动。我们相信，幼儿园的可持续发展之路已经有了良好而坚实的基础，为幼儿发展营造出了真正的乐园。

第三章 常规性事件的家长工作

第一节 组建家长参与的核心团队——家委会

一、家委会的含义、级别、职责与意义

家委会是家长委员会的简称，由家长代表组成，是代表全体家长和幼儿利益的常设性群众组织，起着联系幼儿园和家庭的桥梁和纽带作用。它通常下设安全委员会、伙食委员会、课程委员会、信息技术委员会等分支，全面参与、协助及监督幼儿园的教育及其他各项管理工作。

（一）家委会的级别及职责

家委会在幼儿园园长的指导下工作。家委会的工作内容是：对幼儿园的重要决策和事关幼儿切身利益的事项提出意见和建议；发挥家长的专业和资源优势，支持幼儿园的保教工作；帮助家长了解幼儿园的工作计划和要求，协助幼儿园开展家庭教育指导，促进家长之间的互助和交流。

家委会一般分为园级家委会、年级家委会和班级家委会三级，其具体职责如表3-1所示。

表3-1 家委会的级别及相应职责

家委会的级别	职　责
园级家委会	1. 积极参与幼儿园的管理，了解幼儿园的发展规划、工作计划的制订与实施情况，并提出合理化意见和建议 2. 关心幼儿园的各项工作，参与幼儿园的各种重大教育教学活动 3. 积极争取家长的支持，充分挖掘家长资源，为幼儿服务 4. 反映广大家长的要求，让幼儿园及时了解家长的心声 5. 协助园方调解家长与园方及家长与教师之间的争议和矛盾

续表

家委会的级别	职　责
年级家委会	1. 充分发掘和利用各种资源、渠道，为班级家委会活动提出建设性意见和建议 2. 适时召开家长座谈会，及时向幼儿园或园级家委会反映家长的要求、意见和建议，发挥桥梁和纽带的作用，并从幼儿与家长的实际需要出发，举办专题性的讲座、交流会或沙龙活动 3. 能起到承上启下的沟通作用，及时传达园级家委会的工作要求，及时反馈班、年级家委会的工作情况和意见、建议
班级家委会	1. 关心班级的教育教学工作，及时解决班级的实际困难，多为班级办实事 2. 利用班级家长的资源，为班级的各项活动提供服务，并组织管理或支持协助，培养幼儿的责任感和集体荣誉感 3. 及时向园级、年级家委会反馈家长对幼儿园的意见和建议，并协助调解家长与幼儿园、教师之间的争议和矛盾

小贴士

《教育部关于建立中小学幼儿园家长委员会的指导意见》（部分）

家长委员会应在学校的指导下履行职责。

参与学校管理。对学校工作计划和重要决策，特别是事关学生和家长切身利益的事项提出意见和建议。对学校教育教学和管理工作予以支持，积极配合。对学校开展的教育教学活动进行监督，帮助学校改进工作。

参与教育工作。发挥家长的专业优势，为学校教育教学活动提供支持。发挥家长的资源优势，为学生开展校外活动提供教育资源和志愿服务。发挥家长自我教育的优势，交流宣传正确的教育理念和科学的教育方法。

沟通学校与家庭。向家长通报学校近期的重要工作和准备采取的重要举措，听取并转达家长对学校工作的意见和建议。向学校及时反映家长的意愿，听取并转达学校对家长的希望和要求，促进学校和家庭的相互理解。

（二）家委会的意义

幼儿园家委会是实现家园共育的重要纽带，它能加强家园之间的沟通，促进家园的紧密合作，共同为幼儿创设优质的成长环境。家委会代表着全体家长和幼儿的利益，参与、协助及监督幼儿园的安全、伙食、课程、文化建设等各项工作；在幼儿园与家长之间架起沟通的桥梁，收集和反映家长对幼儿园的意见和建议，帮助家长了解幼儿园的各项工作，为幼儿园的建设提供合理化意见和建议，增加幼儿园工作的透明度，营造家园信任、和谐的合作关系，共同为幼儿的健康成长提供良好的氛围及教育资源。幼儿园家委会对幼儿、家长、幼儿园的具体意义如表3-2所示。

表3-2　幼儿园家委会的意义

对于幼儿的意义	对于家长的意义	对于幼儿园的意义
1. 家园教育理念、要求一致，有利于幼儿的习惯养成 2. 家园关系和谐有利于幼儿的身心健康，使他们学会与人相处 3. 家长参与幼儿园管理让幼儿获得归属感、自豪感 4. 享受丰富的教育资源	1. 多了一条沟通渠道，可及时反馈问题和建议 2. 参与管理，形成主人翁意识，增加了责任感和使命感 3. 形成科学的教育观、儿童观和发展观 4. 意识到幼儿园里无小事，更加重视教育，增加了信任和理解 5. 通过参与各项活动对幼儿园的各项工作有了进一步的了解	1. 借助家长的"第三双眼睛"，幼儿园可以提升服务质量和管理质量 2. 丰富教育资源和教育内容，服务于幼儿园的建设及幼儿的成长 3. 协助幼儿园进行信息的上传下达，让沟通更有效 4. 让家园关系更和谐，家园工作更顺畅

二、家委会的成立

（一）家委会成员及职责

家委会成员及职责如表3-3所示。

表3-3　家委会成员及职责

家委会成员	职　责
会长	负责组织家委会定期或不定期地开展活动，协调幼儿园与家长的关系，向家长宣传幼儿园的教育理念及要求，动员和组织家长参与幼儿园活动，向教师和园长及时反映家长的建议
财务委员	专门负责管理班级所需的一切费用。根据班级活动开展的需要向家长收取费用，包括外出活动的费用，幼儿演出时的服装、道具等物品的购买费用；负责按成本核算后的多退少补工作；每次活动后要将每笔费用的用途、具体金额等向全体家长公示，以文本的形式张贴在班级的橱窗内。有重大活动时，要面对面地向全体家长说明，每位家长随时可以查看账目

续表

家委会成员	职　责
宣传委员	专门负责班级的宣传橱窗及每次外出活动所用的宣传旗、横幅的制作；负责打印、复印班级需要的资料，日常家园活动的主持稿的撰写等
活动委员	专门负责联系班级外出参观时所需的车辆，根据活动需要联系班级幼儿的参观场地，如农业科学研究所、公园、古生物研究所等
环境委员	专门负责组织家长制作幼儿所需要的玩、教具和演出的服装，负责班级节日的环境布置等

注意事项：在给家委会成员分工时，幼儿园要尽量发挥家长的特长和优势，可以将家长毛遂自荐和教师适当调整相结合。例如，在银行工作或在单位里做会计的家长可以担任财务委员，在单位里任领导职务的家长可以担任家委会会长等。

（二）家委会成员的选择

家委会由各班的家长代表组成，是协助幼儿园工作的重要组织和教育资源。因此，家委会成员的选择格外重要。

1. 家委会成员的产生方式

家委会成员的产生方式有教师推荐、家长选举、推荐与选举相结合、自荐与选举相结合。

2. 家委会成员需具备的条件

第一，道德品质良好。家委会成员必须具有责任心、正义感，对班级中的一些不良风气和家长中的一些消极言行给予抵制和纠正。他们说话做事要尽量考虑全体幼儿和家长的利益，而不是小部分人的利益。

第二，态度积极正面。家委会成员要热心公益服务，愿意为大家做事。为班级服务需要花费个人的时间和精力，且都是公益性的，因此家委会成员要愿意为大家服务。

第三，专业特长突出。家委会成员要组织好其他的家长，个人就必须具有专业特长，要能高效率、高质量地完成班级工作。

第四，个人时间充裕。班级中的工作必须由具体的人员来完成，因此如果一位家长各方面都符合要求，就是工作忙，一点儿时间都没有，不能来参加班级服务工作，那么也不适合做家委会成员，否则就会出现不作为的现象。

3. 家委会成员选择的注意事项

家委会是全体家长的代表，由于家长的学历、职业、经济收入、年龄等不同，所以他们的价值观、教育观等也有所不同。因此，家委会需要最大限度地吸纳各个群体的代表。只有这样，家委会里才会发出不同的声音，而且能够代表大多数家长的利益。家委会成员选择的注意事项如下。

第一，家委会里要有祖辈家长的代表。现在很多祖辈承担起了第三代的抚养和教育责任，他们已经成为家园互动中不可忽视的群体，所以家委会要关注他们的声音。

第二，家委会的成员构成要考虑男女性别的比例。在幼儿的成长过程中很多时候都是母亲承担了教育的责任，而且全职妈妈所占的比例逐渐增大，她们有更多的时间用于家园互动，而父亲则较少参与幼儿的教育，这对于幼儿的成长来说是一种缺失。因此，教师要尽可能地吸引父亲参与家委会，用他们的观点、行动影响其他男性家长。

第三，家委会的成员构成要考虑互补性。家委会里要有具备领导能力、擅长决策的成员，也要有踏踏实实、擅长执行的成员，还要有术业有专攻的技术型成员，如此，才能形成一个方向明确、团结高效的家委会团队。

（三）家委会成立流程

家委会成立流程如图3-1所示。

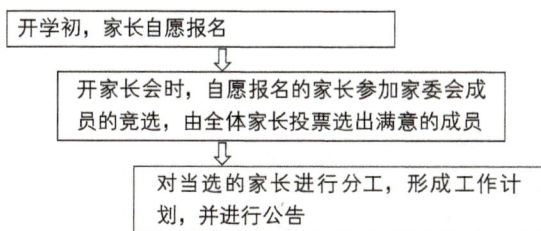

图3-1　家委会成立流程

三、家委会的运作

（一）家委会的运作流程

家委会的运作流程如图3-2所示。

面向新一届招募新成员 → 家长提交申请家委会审核 → 颁发聘书履行职责 → 考核评比总结表彰

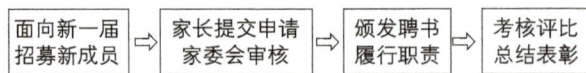

图3-2　家委会的运作流程

（二）家委会的运作原则

1. 关系为重：平等、尊重

家长是幼儿园的合作伙伴，家委会是代表全体家长和幼儿利益的群众性组织。幼儿园要平等地对待每一位家长，发挥家委会的作用，尊重家长的意见，耐心倾听家长的心声，虚心接受家长的建议，使家园形成合力。

2. 自主管理：赋权、信任

家长的潜能是丰富的，家园协作的合力是巨大的。幼儿园要发挥家委会的主体作用，充分调动家委会成员的积极性和主人翁意识，鼓励家委会大胆探索、自主管理，提高团队的组织力和凝聚力。

3. 良性循环：传承、发展

随着大班幼儿的毕业，家委会新老成员的交替问题顺应而生。为此，老成员要身先士卒，起到榜样表率的作用，同时中、大班与小班之间要互相结对子，开展"传帮带"，让新成员早日适应新组织，并且大胆创新、勇于开拓。除此之外，随着家委会规模的不断扩大、人员力量的不断充实、成员分工的逐渐细化，幼儿园还可进一步发展出家长社团，引领家长根据自己的兴趣爱好走进幼儿园、走近幼儿，成为课程的有益补充。

四、园级家委会章程

成立园级家委会，目的是让家长深入了解幼儿园的办园理念、重点工作，宣传正确的教育观点，取得家长更多的理解和支持。幼儿园每学期根据具体的工作可召开1~2次会议。教师和家长共同推荐本班的2~3名家委会成员为园级家委会成员。园级家委会成员尽量由关心幼儿教育、愿意为他人服务、热心公益活动，有一定的语言表达能力、沟通能力、组织力和号召力的家长担任。

下面为某幼儿园园级家委会章程。

园级家长委员会章程

第一章　总　则

第一条　××幼儿园家长委员会（以下简称"家委会"）是由各班家长代表组成的群众性组织。

第二条　家委会的主要任务是：帮助家长了解幼儿园的工作计划和要求，协助幼儿园工作，及时反映家长对幼儿园工作的意见和建议，协助幼儿园组织交流家庭教育的经验。

第三条　家委会的具体工作如下。

1. 协助幼儿园顺利完成保教任务。

2. 参与幼儿园管理的重大问题。

3. 注重提高全体家长的家教水平，动员家长积极学习科学的育儿知识，并与教师配合，共同提高对幼儿的保教质量。

4. 听取、反映全园家长关注的问题，如教师师德、保教水平、教育质量、幼儿发展水平等，采取口头汇报、书面建议等多种形式，对有关信息进行归纳、分析，把急需解决的意见、建议提供给园领导或教师，促进幼儿园各项工作的改进与提高。

5. 热情地为全体家长服务，以达到更好的育儿效果和促进幼儿园的发展为目的。

6. 积极组织好家长经验交流活动。

7. 指导各班家长小组开展各项工作。

第二章　机构组成及其职责

第四条　家委会。

1. 园级家委会成员由各班教师和家长推荐、选举产生（一般为每班两人），家委会成员应具备以下几个条件。

（1）具有较高的文化修养和素质。

（2）热爱幼教事业。

（3）热心为班级家长服务。

（4）有一定的组织能力和群众基础。

（5）具有积极参与、努力工作的奉献精神。

2. 家委会选举主任一名，副主任两名，组成主任委员会。主任委员会原则上由每个年级选出的一名家长代表组成，其主要职责如下。

（1）及时与园方沟通工作信息，共同研究解决每学期需要重点解决的问题，以便家长与幼儿园密切配合，做好各方面的工作。

（2）与园方共同召开家委会全体成员会议，每学期至少一次。

（3）主持家委会的日常工作。

（4）其他有关工作。

3. 家委会下设宣传部、文体部、后勤部，各部门由主任负责，其职责如下。

宣传部：组织家长交流经验，办好家长园地，管理好家长信箱，负责幼儿园刊物及网站的投稿、组稿，做好各项活动的宣传工作及其他日常宣传工作。

文体部：配合园方举办好全园性的各项大型文体活动，代表家委会组织好家委会主办的家园（或与社会）联欢、联谊及相关活动等。

后勤部：做好相关家园活动的后勤保障供给工作，并代行财务部职责。

第五条　班级家长小组一般由5~8名家长代表组成。家长小组成员的产生途径有家长自荐、班级家长选举或教师推荐等。家长小组在家委会及各班教师的指导下开展工作。各班的家园活动应及时通知家委会。

第六条　家委会每年换届一次，换届时间一般在十月中上旬。家长小组可视情况随时进行人员调整。

第三章　评比表彰先进

第七条　家委会积极参与、密切配合每年"六一"前夕开展的评比活动，对家长工作成绩显著的班级及家长，在"六一"时隆重表彰，予以鼓励。

第八条　先进班级的评比条件如下。

1. 组织班内家长交流活动突出。

2. 家长与教师在保教及其他各项活动中配合默契。

3. 积极参与全园的各项大型活动，工作开展出色。

4. 在其他各方面的表现均较优异。

第九条　模范家长、好家长评比：先由各班家长小组与教师共同讨论推荐，然后在家委会会议上讨论通过。

1. 好家长评选条件如下。

（1）热心为大家服务。

（2）在配合教师教学、组织家长及家园活动等具体工作中表现好，成绩突出。

（3）有勇于牺牲自己时间的奉献精神。

（4）热爱幼教事业。

（5）教育孩子有一定的经验。

2. 模范家长要求在以上各方面做得更为突出。

第四章　有关经费问题

第十条　家长小组视本班的活动情况及全园家委会的需要，可按当时所需数额向自愿参与活动的家长平均收取一定的费用，也可预收一定的活动经费，以便有效地开展各项活动。无论何种收费方式，家长小组都应向家长解释清楚，讲明用途及使用计划。收支费用需由专人专办、专人专管，必要时由负责家长向其他家长公布，并将开支明细存档保留三年。

第十一条　由家委会组织的各项联谊、联欢、竞赛评比等社会性活动，其费用由各班家委会成员通过家长小组收缴解决，其收费及费用管理要结合实际情况，由后勤部参照第十条的方法办理。

第十二条　家委会或家长小组在开展各项活动中，要力求做到少花钱多办事，提倡勤俭节约，反对浪费。

第五章　附　　则

第十三条　本章程自家委会会议通过之日起执行。

第十四条　本章程可视情况由家委会会议进行修改补充。

第十五条　本章程的解释权属家委会。

××幼儿园家长委员会

×年×月

五、家委会活动案例

家委会组织的活动贯穿幼儿在园生活的始终，下面提供七个案例以供参考，其中案例一、案例二、案例三、案例四为园级家委会参与组织的活动，案例五和案例六的活动由年级家委会组织，案例七为班级家委会组织活动前的策划工作会议。通过这七个案例，笔者来具体介绍各级家委会是如何运作、如何配合幼儿园工作的。

案例一：园级家委会成立大会

××幼儿园第×届家委会成立大会
（×学年第×学期）

会议时间：×年×月×日（周×）下午×：00—×：00。

会议地点：××。

会议主持：××。

会议准备：

1. 会场环境准备：桌椅、茶水。

2. 音响、拍照、录像、背景屏幕。

3. 会议人员召集、记录。

参会人员：各班2名家委会主任、各班2名各社团负责人、园领导及班主任。

会议流程：

1. 主持人介绍会议主题及流程。

2. 园长致欢迎辞，介绍本学期的园务计划及讨论议题，其中讨论议题有以下三点。

（1）如何让家长与教师共同创设沙龙文化（征集沙龙主题和推选主持人）。

（2）科技节、"六一"嘉年华活动展望（可以开展哪些活动？有何好建议及资源？）。

（3）本学期各社团的工作重点及思路，每个社团要安排一次展示机会，讨论展示内容及时间。

3. 分组分场地讨论。

4. 各社团代表分享讨论结果。

5. ××园长发言。

6. 合影留念。

温馨提示：

1. 等待时间，与会人员可观看上学期家长工作总结PPT（幻灯片）或宣传片。

2. 家委会成立时，为了便于家委会成员之间相互认识，可安排自我介绍的环节（包括介绍职业、兴趣爱好、特长及为何参与家委会工作等）。

案例二："六一"美食嘉年华活动方案

"六一"美食嘉年华活动方案

活动时间：×年×月×日。

活动地点：各班教室。

活动准备：

1. 活动前组织伙食委员会、安全委员会成员开会，讨论具体细节。

2. 将活动方案及明确的《食品卫生安全要求》（详见附件一）告知家长。

3. 家长申报菜名，伙食委员会负责收集统计，并与保健室共同审核。

4. 保健室发放食品留样单（详见附件二）。

5. 各班推选2名美食活动家长义工。

参与人员：幼儿园教职工、园级家委会全体成员、全体家长、全体幼儿。

活动流程：

1. 在幼儿园操场上进行集体的"美食嘉年华"活动启动仪式，宣传健康饮食的理念。

2. 幼儿园工作人员及各班家长义工协助各班布置美食桌。

3. 各班幼儿及家长介绍自己家庭制作的特色美食（详见附件三）。

4. 幼儿及家长以自助餐的方式共同分享美食。

附件一：

食品卫生安全要求

1. 确保食品原料安全，须到许可证照齐全的合法食品生产经营单位采购食品及其原料、一次性餐饮具等食品相关产品，从合法超市、农贸市场采购的，须留存购物清单。

2. 幼儿午餐时间是11点30分，从食品加工完毕到用餐的时间要控制在2小时内。

3. 食品运送需要注意温度及卫生，最好是用带盖的专用密封运输箱。

4. 所带食品须是高温加工食品，所带食品要以主食、汤、点心、糖水为主，尽量不带煎炸食品、海鲜类食品（防个别幼儿过敏）、鱼（有刺），禁止带凉菜等生冷食品。如果带水果沙拉，请带到班级，现吃现做。

5. 每种食品必须试吃留样，留样量不少于100克，留样食品应按品种分别盛放于清洗消毒后的密闭容器（最好是不锈钢的密封性好的容器）

内，留样盒上贴上标签（提前去班级教师处拿），注明班级、制作人（幼儿姓名）、留样时间、食品名称。食品在自家冰箱冷藏48小时以上，温度以0~10℃为宜。如果是水果沙拉或其他现场制作的食物，请家长自备留样盒，留样后放到幼儿园的冰箱内冷藏。

附件二：

班级自带食品留样填写单

班级		幼儿姓名	
食物名称		留样日期	
留样分量		留样人	

注：留样食物须不少于100克，冷藏在自家冰箱48小时以上，温度以0~10℃为宜。（留样盒自备）

附件三：

班级自带食谱单

班级：

种类	主食	荤菜	素菜	汤	饮品	甜品	水果
食谱							
建议	带餐要求：荤素搭配、营养合理，宜清淡，忌油炸、生冷及易过敏食物（如木瓜、蚕豆）食物制作原则：以自制为主，不建议购买						

案例三：伙食委员会膳食会议方案

伙食委员会膳食会议方案

会议主题： 集伙食委员会集体智慧，促幼儿园膳食完善。

会议由来：

幼儿的食谱制定及膳食管理关系到幼儿的身体健康，也是家长比较关心的内容之一。因此，让园级家委会对幼儿园的膳食提出建议和意见，并参与幼儿园的膳食管理，能帮助家长了解幼儿的膳食情况并能使幼儿园不断改善膳食，让幼儿吃得更健康，充分满足幼儿生长发育的需要。

主持人：后勤副园长。

参会人员：幼儿园保健组成员、园级家委会成员。

活动程序及内容：

1. 伙食委员会的前期准备工作。

（1）发放家长调查问卷。

（2）幼儿进餐情况的统计（到班里观察幼儿的进餐情况或者询问教师幼儿的进餐情况等）。

（3）结合近期的热点和问题，制定主题。

（4）发邀请函通知参会家长，园方参与人员另行通知。

2. 活动流程。

（1）主持人介绍参会人员，介绍开会的目的。

这次会议的目的是向家长介绍幼儿园营养食谱的编制原则、幼儿在园的进餐情况，征求家长的意见和建议。

（2）保健组长介绍幼儿园的膳食结构、搭配情况。

① 营养食谱的编制原则。

总原则：保证营养平衡、满足合理营养。

第一，保证营养平衡。

幼儿园要根据幼儿的生理特点选用食物并计算用量，使一周内平均每日的能量及营养素摄入量能达到膳食供给量标准，满足幼儿的需要。

幼儿园要考虑各营养素之间的合适比例，利用不同食物中营养素的互补发挥最佳协同作用。

食物搭配要合理：主副食搭配、粗细搭配、荤素搭配。

第二，合理的膳食制度。

第三，合理烹调，兼顾饮食习惯；蒸、炒、焖、煮，做到色香味美。

② 幼儿园营养配餐的原则。

第一，保证营养平衡。

第二，建立合理的膳食制度。

第三，选择合适的食物加工、烹调方法。

第四，合理搭配各种食物。

第五，由市政府"菜篮子工程"的服务配菜公司提供食物，并索取三证。把好食品验收关，防止食物过期变质。

（3）后勤副园长介绍幼儿园本学期在膳食管理方面的重点工作。

（4）家委会成员对幼儿园的膳食进行交流探讨，并提出合理化建议。

（5）合影留念。

温馨提示：

1. 成员的选择。

应尽量选择有较高的文化水平、重视幼儿的教育、有责任心、热心公益活动并愿意为他人服务的家长担任家委会成员，同时他们能抽出时间参加活动，并有较好的语言表达能力、组织沟通能力。每个班级的家委会成员可通过民主推荐产生，家委会通常由5~7人组成。在此基础上可通过教师推荐或家长自荐的方式产生园级家委会。

2. 会场的布置。

会场的布置要温馨，可以是茶话会的形式，准备一些茶水、点心，让家长在一种比较温馨、和谐的氛围下畅所欲言。

3. 服务团队。

服务团队要统一着装，最好是穿幼儿园礼服，并化好淡妆，展现出良好的精神面貌，让家长感受到幼儿园的一切活动都是有序开展的。

4. 礼仪。

家长入场时，在门口迎接的教师应面带微笑，并给家长做好指引工作。

案例四：亲子运动会方案

2016年（第二十一届）"迎新年"冬季亲子运动会方案（A）

运动会主题： 亲子同乐迎新年。

运动会目标：

1. 培养幼儿对体育活动的兴趣，使幼儿体验竞争的乐趣、参与的快乐，在运动中学习，在运动中成长。

2. 让幼儿在各种有趣的亲子游戏中得到体能锻炼，增强各年龄段幼儿的动作灵活性和协调能力，加强家长与幼儿之间的情感交流。

3. 培养幼儿之间的友好合作精神，使幼儿感知团结奋进的力量，感受合作精神的美好。

运动会日程安排：

日期	活动内容	具体要求
12月3日	幼儿园召开家委会会议，商讨运动会方案	以亲子运动项目为主开展活动
12月11日	各年级召开运动会方案研讨会，确定运动会具体的实施方案	级长、各班教师、班级家委会
12月3日—18日	1. 各年级早操练习 2. 主会场亲子项目练习	1. 由家委会确定本年级的亲子比赛项目，制定比赛规则及安全预案，设立奖项等级及数量
12月22日 （星期二） 9：30—11：30	1. 运动会主会场彩排 2. 年级分会场彩排（由各年级自定）	2. 保证每名幼儿至少参加一个分会场比赛项目
12月25日 （星期五） 9：00—11：30	运动会程序 1. 主会场开幕式 （1）开幕仪式 ① 介绍嘉宾 ②《运动员进行曲》全体运动员入场 统一运动口号：我运动、我健康、我快乐 ③ 热场律动《幼儿运动会歌》 ④ 20声（钟声） ⑤ 升旗仪式：升国旗、奏国歌 ⑥ 园长讲话，宣布运动会开幕 ⑦ 运动员代表宣誓 ⑧ 运动员退场 （2）年级团体操表演 ① 小班啦啦队展示、小班团体操表演 ② 中班啦啦队展示、中班团体操表演 ③ 大班啦啦队展示、大班团体操表演 （3）年级亲子游戏赛 ① 小班亲子游戏赛——《小地鼠运球》 ② 中班亲子游戏赛——《亲子贴贴乐》 ③ 大班亲子游戏赛——《小车快跑》 （4）颁奖 ① 幼儿团体操奖： 设一等奖、二等奖、三等奖 ② 年级亲子游戏赛奖： 各年级设： 一等奖（1名） 　　　　　　二等奖（1名） 　　　　　　三等奖（2名） 2. 分会场——年级运动会 小班：后操场 中、大班：中心操场	1. 运动员以两列纵队入场，操场由南至北的顺序为大班、小班、中班 2. 节目具体负责人 （1）主持：教师1名，幼儿4名（大班每班1名） （2）升旗手：教师1名，幼儿8名（大班每班1男1女） （3）运动员代表：幼儿1名（大班） （4）热场律动负责人：小班家长 （5）小班亲子游戏负责人：班级教师 裁判：中、大班家委8人 （6）中班亲子游戏负责人：班级教师 裁判：小、大班家委8人 （7）大班亲子游戏负责人：班级教师 裁判：小、中班家委8人 （8）奖状准备：年级组长 3. 颁奖 （1）团体操 领奖人：级长+1幼 颁奖人：园长 （2）亲子赛 领奖人：教师+1幼 颁奖人：家委 年级分会场的具体工作由年级家委会主任及级长安排 1. 主持（家长安排） 2. 分会场布置（班级家委负责） 3. 评分、颁奖（班级家委负责）

运动会筹备工作具体安排：

时间	内容与要求	主要负责人
12月1日	运动会总策划初步形成运动会方案	园长及幼儿园家委会成员
12月2日	家委会成员通过沟通协调确定活动方案、服装及器械（含后勤安全预案）	后勤园长、年级组长、班主任、班级家委
	后勤筹备：购买国旗、准备奖状等	幼儿园后勤人员
12月5日	1. 完善年级运动会计划 2. 各年级开展运动会团体操练习	年级组长、班主任
12月16日	确定主持稿及幼儿主持人	大班的班主任
12月17日	护旗手8名（大班每班2名），由升旗手负责练习	指定教师负责
12月18日	级长领取班牌，分发到各班	后勤人员
12月21日	主会场环境策划、悬挂幕布、制作班牌 在后操场上调试音乐设备	后勤人员
	幕布准备、奖状制作、家长门票设计	电教教师
	1. 主会场各班的位置安排 2. 秩序带使用、区域划分等 3. 音乐试播（各班级下午3点前将音乐交给负责人） 请级长同时准备好备用音乐	后勤人员及各级长
12月22日	上午9：30—11：00运动会彩排 组织：业务园长　　　　　　后勤：后勤园长 催场及协调：指定教师　　　音响：指定人员 医务：医生　　　　　　摄影：电教专科　　　　录像：电教专科	
	下午各班按班级人数领取T恤衫 大班：蓝色　中班：白色　小班：黄色	班主任、仓管
12月23日	1. 把家长门票印发到各班 2. 各班短信通知家长运动会的时间及要求	专科、门卫及班主任
12月24日	开幕式奖状打印	教研员
12月25日	全园运动会 1. 统计评分 2. 奖状准备	财务及家委协助

2016年（第二十一届）"迎新年"冬季亲子运动会方案（B）

地点：后操场。

形式：分时间段、分年级进行。

1. 年级运动会不设座位，各年级安排指定位置给家长。

2. 运动会结束后，小、中班的家长和幼儿回到班里，教师组织开展新年联欢活动。

具体时间段：9：00—9：40 小班（幼儿可提前吃早餐，家长8：50入园）；

9：50—10：30 中班（家长9：45入园）；

10：40—11：20 大班（家长10：35入园）。

主持：各年级自定，级长负责。

温馨提示：

1．各班短信提醒家长凭门票按时间段入园。

2．小、中班的家长和幼儿在运动会结束后，回班里组织联欢活动，与下一场次入园的家长错峰，避开人群拥挤。在大班运动会结束后，家长直接离园。

案例五：主题体验活动方案

"美丽深圳我的家，我和××幼儿园一起长大"
红树林环保主题体验活动

活动策划：中班年级家委会、教师。

执笔：××妈妈。

活动目的：

为了庆祝××幼儿园成立××周年，培养幼儿的环保意识，增强幼儿环境保护的责任感。在中班年级家委会和教师的策划下，拟组织××幼儿园中班的幼儿和家长周末一起开展"美丽深圳我的家，我和××幼儿园一起长大"环保主题体验活动。在活动中幼儿将进行绘画和采访，让幼儿关注环境，练习社会交往。

时间：×年×月×日上午9：00—11：00。

地点：红树林自然保护区海滨公园。

着装：幼儿和家长上身统一穿白色T恤衫，下身着深色裤子，将纪念贴纸粘在左胸前或左臂上。

活动流程：

1. 集中：各幼儿和家长于×月×日上午9：00按要求着装到红树林指

定地点集合（先到家长可自行组合拍照）。

2. 拍集体照：9：15集中拍各班的全家福，请给出最美的笑容。

3. 音乐律动：××老师带领大小朋友们一起舞动红树林（幼儿在前、家长在后）。

4. 园长讲话。

5. 各班的口号：亮出自己响亮的口号，看看谁是当天的人气王。

6. 全体一起喊出活动的主题：美丽深圳我的家，我和××幼儿园一起长大。

7. 分班级进行作品规划（5~10分钟）：由组长组织大家讨论绘画作品的内容、形式和布局，并介绍绘画后的采访要求。

8. 绘画创作：每个班级分成四组，每组都进行绘画，画笔由班级提供。

9. 合影留念：跟作品来个亲密合影。

10. 专题采访：此次活动专门设计了幼儿用的采访问卷和家长记录纸，另外还有送给被采访者的纪念贴纸。在绘画活动结束后将采访问卷和家长记录纸发给各位幼儿和家长，由家长带着幼儿向路人采访（鼓励幼儿独立采访并用自己的方式记录采访结果），赠送纪念贴纸给被采访者。家长跟进记录幼儿的采访活动，填写记录表，并附上一张幼儿采访的照片。

11. 活动结束：现场采访不计时间和范围，自由结束本次活动。请注意保持环境卫生。

12. 采访活动延伸：活动的目的是通过采访锻炼幼儿的社会接触感、主动与外界沟通并表达的能力。对此活动感兴趣的幼儿可以将采访延伸到住宅小区、家庭成员等。

活动前的准备：

内容	负责人
各班统一购买画笔（油性笔或马克笔）	班主任
绘画用的灯箱布	××妈妈
活动横幅	××妈妈
纪念贴纸	××妈妈
提前分组，在班里规划和设计绘画作品 模拟现场采访过程，填写访谈记录，制作调查问卷等	年级组教师
音响设备和音乐	××老师

其他：

1. 摄影：专业摄影师××老师为活动现场摄影留念。同时，也诚邀各位家长和嘉宾朋友，共同参与摄影活动，共同记录活动当天的精彩点滴。(××妈妈联系)

2. 摄像：邀请幼儿园的专业摄影师对本次活动全程录像，制作光盘，便于日后的活动宣传和留念。(××老师落实)

3. 电视台采访：邀请深圳市电视台的记者对本次活动的全程进行采访和摄像，突出和宣传本次活动的主题和环保理念，记录××幼儿园宝贝们的欢乐时光。(××妈妈负责)

4. 画册制作：对全部的影像资料进行汇总后，邀请专业人士对摄影和录像作品进行排版、编辑，制作本次活动的纪念画册。(年级家委会负责)

5. 新闻稿件。(××妈妈执笔)

年级家委活动策划小组

×年×月×日

案例六："亲子乐跑"活动方案

笔架山公园"亲子乐跑"活动方案

活动时间：×年×月×日上午9：30—12：00。

活动地点：笔架山公园。

参加人员：年级家委会成员，大班各班教师、幼儿及其家长(自愿参加)。

安全情况分析及措施：

时间	主要内容	安全措施	负责人
前一周 (准备工作)	发放家长安全协议书	年级家委会起草并发放活动倡议书，参加活动的幼儿的家长根据幼儿的身体状况和能力，选择能否参加本次活动并选择"乐跑"的距离	××、×× 各班主任
	安全教育	活动前对参加活动的全体家庭进行安全教育，并制订安全预案，明确各年级家委会成员的分工，使他们熟悉步骤，做到心中有数，并请各班班主任传达给参加活动的家长和幼儿	××、×× 各班主任

时 间	主要内容	安全措施	负责人
8：00—9：30	搭建背景、搬运物品道具、挂横幅等	严格检查各项物品，大家相互帮助	××、××
9：30—12：00	活动站位及现场秩序	年级家委会的成员要提前到达笔架山公园的滚球场，立好班牌，指引家长和幼儿按规定位置站好	各班负责教师
		根据分工，由年级家委会的成员带领幼儿做热身运动，做好活动前的准备	××
		外围家长站位，维持与行人的隔离	××及后勤人员家长义工和安全委员会
		从集中点到"乐跑"活动开始的有序组织，都要听从主持人的安排，按班级有序出发	××、××各班负责教师
	个别迟到的家长和幼儿	在起点指引家长、幼儿	××、××
	活动场地社会人员较多、分叉口较多	提前进行安全教育，让参加人员在跑步过程中不要碰撞他人，沿着主路跑步，不跑分叉道路，听从义工指引	××、××各班主任
		提醒家长照看好幼儿，以防走失 幼儿走失紧急预案： 1. 确定幼儿走失后，班主任要组织临时安全小组分头寻找，其他教师不要随意离开自己的工作岗位；同时上报园领导，必要时立即打110。附：临时安全小组名单——班主任、安全委员会成员及各小组负责人 2. 做好幼儿及家长的安抚工作、善后、小结	
		设置医疗点，由幼儿园园医组建幼儿园健康顾问团，方便出现紧急情况及时治疗 意外伤害预案： 1. 确定事故第一报告人 2. 及时报告、救治。园医带简单的急救药物，及时处理伤口 3. 遇到重伤的或不能判断伤情的，及时就近送往儿童医院急救或打120救护电话 4. 上报组长，简要汇报事故情况。妥善保存治疗凭证及票据 5. 保护现场，了解情况，分析事故，处理理赔	××、××幼儿园健康顾问团
	骚扰、破坏、偷盗、抢劫、拐骗、绑架勒索等治安问题	协调公园安保人员，加强外围安全保障，防止安全事故的发生	公园安保人员、安全委员会成员

园方安全保障组织架构：

组别	负责内容	组长	组员
领导小组	整体活动调度，有序推进活动	园长	××、××
疏散组	当事故发生时使人员向安全的地点有秩序地撤离	级长	各班主任及教师、大班年级安全委员会成员、义工
现场抢救小组	现场抢险、救护，保护现场，保护人员、财产，联系救护事宜	园医健康顾问团	所有行政后勤人员
安全小组	维护现场秩序，现场抢险，保护现场	园长、后勤主任	大班年级安全委员会成员、义工
报警组	根据情况报警，报告领导	后勤主任	全体教师

紧急事件联系人：

园长1：××。　　园长2：××。　　教学主任：××。　　后勤主任：××。

专教：××。　　园医：××。　　安全委员会主任：××。

执笔：××

××幼儿园

×年×月×日

案例七：班级家委会会议

发挥班级家委会作用，开展歌咏会策划工作

召开班级家委会的前期工作：

1. 召开幼儿园行政会议：拟定活动主题，确定日期、活动内容及成员分工。

演出时间：9月30日上午10：00。

演出地点：中心书城大台阶。

活动主题："祖国妈妈我爱您"歌咏会。

2. 资料准备：签到表、会议记录表、会议提纲。

3. 班主任发通知给家委会的家长，告知会议的时间及主要内容。

4. 提前与家委会主任约谈，将活动的内容及家委会需要承担的工作告知家委会主任，建议家委会主任在家委会召开前拟定会议提纲。

召开班级家委会会议：

1. 班主任介绍开会的目的。

"庆国庆，歌颂祖国"歌咏会是我园的传统周期活动，一般会在国庆前1~2天举行。每个班级都要参与到活动当中。结合国庆节开展的"祖国妈妈我爱您"歌咏会活动，支持和鼓励幼儿大胆地表现自己，提升自信心和舞台表现力，让幼儿在美的艺术熏陶中体验和成长；培养幼儿爱国、爱家、爱园的情感，让幼儿在乐曲声中体验爱国情怀的源远流长、爱家情感的甜蜜美好、爱园情趣的快乐纯真。

届时全体幼儿和家长都要共同参与到活动当中，以合唱、表演唱等舞台表演形式，演唱歌颂祖国、热爱家乡、我爱我家等经典的歌曲、童谣。幼儿会穿上节日的盛装、画上精致的妆容在舞台上一展风采。

为了活动的圆满开展，前期需要做大量的准备工作，如参与表演的家长要排练、幼儿歌曲表演的练习与彩排需要家长和助教的参与、服装道具需要家委会协调购置、彩排和演出当天需要家长的协助等。因此，今天召开家委会会议就是为了明确分工，责任到人，一起把活动做好。

2. 家委会主任进行歌咏会活动工作安排。

（1）以照片或者视频的形式，向家长展示以往几届歌咏会的场景，使家长直观地了解歌咏会活动的各个环节，提炼出需要家长配合完成的活动项目。

（2）分配具体工作：家委会主任负责整体工作的安排、进度跟进、策划及场地安排；2名家长负责组织10名与幼儿同台表演的家长的报名及排练工作；2名家长负责幼儿及家长码数的统计、服装的租赁、服装的发放；3名家长统一购买发夹、皮筋和化妆用品，并于活动当天提前2小时来帮助换衣服、扎头发和化妆；活动结束后4名家长要帮忙回收演出服装及道具等。

（3）针对一些细节问题，家委会成员要一起商讨解决方案，如活动当天如何去演出场地？是家长自己带幼儿前往还是幼儿在幼儿园统一化好妆再租车去演出场地？是家长自己给幼儿化妆还是请专门的化妆师？

3. 会议结束，合影留念。

第二节　陪伴家长一起成长——亲职教育

一、家长会

《幼儿教育百科辞典》对"家长会议"进行了如下描述："托儿所、幼儿园召开全体（园或班）儿童的家长会。内容一般是园主任或教师向家长介绍幼儿园在本学期或某一阶段的教育任务；汇报幼儿园教育工作的进展；与家长共同探讨本园、本班教育中带有普遍性的问题等。每学期举行1~2次，如有特殊情况可随时举行。"

家长会的意义有以下四个方面。

第一，有效沟通幼儿园的常规工作。

家长会作为一种幼儿园或班级教师与全体家长进行面对面沟通和交流的形式，具有效率高、效果好的特点。幼儿园这一层面的家长会通常是在幼儿新入园时或者在其他有特别需要让全体家长了解的事务时召开。班级一般会选择在开学初、学期中以及班级事务有调整等特定的时间召开家长会。通过家长会，家长能够全面地了解幼儿所在班级各项工作的开展情况，明确如何配合幼儿园开展各项工作。

第二，沟通幼儿的学习与发展。

家长会是家长了解幼儿学习与发展情况的重要途径，在家长会上教师一般会对班级幼儿的现状进行总结，通过照片、视频等方式让家长了解幼儿的在园情况。

第三，传播先进的育儿理念。

在家长会上，教师一般会根据幼儿的年龄特点，选定一系列主题，围绕主题解决家长在育儿过程中的困惑，这些问题有一定的普适性，能够有效地给予家长支持和指引。

第四，增强班级凝聚力。

家长会不仅为教师与家长之间的沟通搭建了桥梁，更为家长之间的沟通创设了平台。通过相互交流，家长之间能建立联结，增进互动，增强了班级家长之间的凝聚力，为更好地开展班级的各项工作打下坚实的基础。

（一）家长会的组织方法、流程和要点

1. 家长会的组织方法

家长会的组织方法如图3-3所示。

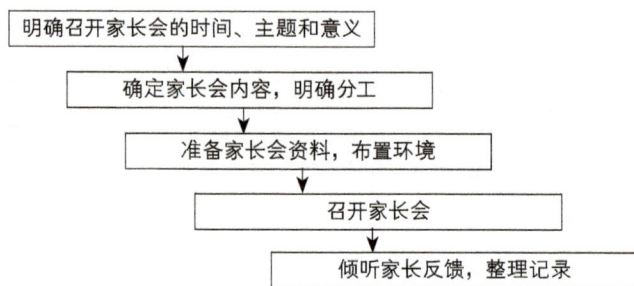

```
┌──────────────────────────────┐
│  明确召开家长会的时间、主题和意义  │
└──────────────────────────────┘
        ↓
    ┌──────────────────────┐
    │  确定家长会内容，明确分工  │
    └──────────────────────┘
            ↓
      ┌──────────────────────┐
      │  准备家长会资料，布置环境  │
      └──────────────────────┘
              ↓
        ┌──────────────┐
        │    召开家长会    │
        └──────────────┘
                ↓
          ┌──────────────────┐
          │  倾听家长反馈，整理记录  │
          └──────────────────┘
```

图3-3　家长会的组织方法

2. 家长会的流程和要点

明确家长会的组织方法后，家长会的流程就可以根据具体主题的需要、班级情况进行环节的调整。以体验式家长会为例，"家长亲身体验游戏""话题讨论"及"观看视频或数字故事"是其精华流程，在此基础上，也可以进行完善和再创造。

体验式家长会的流程

1. 欣赏采帧集

采帧集是抓拍的班级几位教师平时与幼儿朝夕相处的照片集，班级教师为幼儿建立文件夹，精炼照片背后的故事，请家长欣赏后就相册谈谈自己的感想。

要点：每位幼儿的照片数量要相对平均，照片的内容也要相对均衡。

2. 欢迎新朋友

新学期班级可能会有一些新的幼儿加入，这一环节给班级家长创造了相互认识的机会，让新生家长对班级有归属感。

要点：教师要把握尺度和时间的长短，既不能过于热情，也不能过于平淡。

3. 家长亲身体验游戏

教师设计一到两个"破冰游戏"，游戏要蕴含一定的教育价值。教师根据游戏的需要决定家长参与游戏的方式，如两个小组合并为一个组进行竞赛游戏，让家长更直接地体会到游戏背后的寓意。

要点：规则解释明确到位，可以请教师或家长代表示范，游戏时间控制在5~8分钟为宜。

4. 话题讨论

根据幼儿的年龄特点和前期教师对家长进行的调查，就家长普遍感兴趣的话题进行讨论，讨论以分组的形式进行，每组的话题可以不相同，最后每组派代表分享讨论结果。

要点：教师要提前查阅资料，夯实专业基础，在讨论过程中要控制时间。教师小结要紧扣主题，帮助家长深化理解，显示专业性。

5. 观看视频或数字故事

播放幼儿园的工作视频或一些有教育价值和内涵的视频或数字故事。

要点：播放视频前要检查视频是否可以正常播放。

（二）各年龄段家长会的案例

案例一：小班上学期家长会

小班上学期新生入学家长会

活动背景：

已经开学两周了，小班新生慢慢地适应了幼儿园的一日生活，大多数幼儿情绪稳定，个别幼儿在入园时或在离园前仍然哭闹不止，家长对这种情况比较担忧，容易出现"母子分离焦虑症"。一部分家长对配合班级的细节还不太清晰，对幼儿园的活动安排、工作计划还缺乏了解，对幼儿园和班级教师的信任感还没有建立。此时，教师对每个幼儿在园的表现和特点，已经有了一定的了解，通过观察和分析，发现幼儿存在一些急需调整的习惯，需要召开一次深入细致的班级家长会议，加强与家长的充分沟通。

活动目的：

1. 在已开过全园新生家长会的基础上，班主任向家长介绍班级本学期的工作计划和重点、大型活动安排，介绍幼儿近两周的在园表现。

2. 简介园本课程，详细介绍配合班级的具体要求，引导家长积极配合。

3. 面对面建立家长微信群、QQ群，家长、教师相互认识。

活动方式：

1. 观看幼儿活动电子相册。

2. 情景表演。

3. 集体会议。

活动时间：新学期开学第二周周末。

活动地点：本班教室。

活动主持：班主任。

适应年龄：小班。

活动准备：

1. 收集、编辑幼儿的活动照片（注意在编辑时，让每一个幼儿都有镜头）。

2. 制作会议PPT。

3. 班级教师一起讨论会议内容和流程。

4. 班主任准备发言内容。

5. 提前编排情景短剧，由幼儿、家长、教师共同表演。

活动流程：

1. 班主任向全体家长介绍四位教师的姓名与分工。

2. 介绍班级本学期的工作计划和重点、大型活动安排。

3. 简介园本课程。

4. 介绍幼儿在园一日生活的流程表。

5. 播放幼儿近两周在园一日生活的电子相册，让家长了解活动中幼儿的真实表现。

6. 详细介绍配合班级的具体要求，引导家长积极配合。

（1）帮助幼儿培养基本的生活自理能力，如用餐，正确穿鞋，穿、脱衣服，大、小便，认识自己的物品并能收拾好，懂得寻求帮助。

（2）对幼儿进行礼貌和安全教育（注意身上带的物品和衣服带子）。

（3）培养幼儿运动和阅读的兴趣。

（4）培养幼儿的倾听能力，让他们会听指令行动。

（5）发现幼儿的书包内有不属于自己的物品，请及时交还给教师。

（6）家长每天至少陪幼儿半小时。

（7）积极参加丰富多彩的亲子活动、义工义教活动。

7. 向全体家长介绍班级家委会的成员及分工，面对面建立家长微信群、QQ群。

公布班级家长六个小组的名称，它们分别是：木棉花组、牡丹花组、太阳花组、百合花组、凤凰花组和杜鹃花组。

8．幼儿、家长、教师表演情景短剧，以此启发家长树立正确的教育观念，在生活中不能包办替代，要放手让幼儿多尝试。

温馨提示：

1．会后，教师与个别哭闹、适应集体生活较慢的幼儿的家长做深入交流。

2．第一次与全体家长见面开会时，教师要提示家长尽量出全勤。

3．建议开学2~3周后再开会，给教师了解幼儿的时间，有了了解的基础，跟家长沟通才有话可说。

案例二：小班上学期家长会

快乐的大家庭
——小班上学期家长会

会议时间：×年×月×日×：00—×：00。

会议准备：

1．课件、音乐、水、水果、相机。

2．座位摆成三桌，坐满为一组；大白纸6张，油性笔10支。

3．PPT（展示话题和幼儿照片）。

会议分工：

班主任主讲，副班主任负责签到、家园联系单的核对和制作、带动音乐的准备、现场拍照片以及PPT的制作；保育教师负责发大白纸、笔，环境布置，家长饮水及以上准备物品的到位情况。

会议流程：

1．家长欣赏班级幼儿的照片，家长和教师相互认识。

2．班级情况简介及常规要求。

（1）幼儿情况：介绍本班幼儿的基本情况，如年龄、主要照料人。

（2）幼儿在园情况：保育教师介绍幼儿在园的生活情况，如吃饭、午睡、上厕所、穿脱衣服、交往等方面的情况，强调培养生活自理能力的重要性。

（3）了解班级事务性工作的要求：如及时上交各类表格，留意幼儿园的通知及各类信息，明确每天接送幼儿的注意事项和要求。

3. 体验游戏：眼见为实吗？

（1）游戏目的：通过游戏体会"亲眼看见的某个片段却不一定是事实"的状况，从而理解无论是什么事情，只要被演绎后，就容易发生曲解。

（2）游戏方法：请会场内二分之一的家长参与此游戏，到台前来站成一横排。后面的家长拍前面家长的肩膀，面对面站立后，轻声说出一个动画片或童话故事的名称，请家长用肢体表现出来，并传递给下一位家长。

（3）游戏规则：嘴巴不能说话也不能有口型，在游戏过程中没有人拍自己的肩膀就不能随意转头或转身。

（4）分享在游戏过程中的感受。

4. 家长小组讨论关键话题。

（1）进行相关说明：每组讨论一个话题，讨论时记录，讨论结束后小组分享。

（2）出示话题。

话题一：在家里培养幼儿生活自理能力的好办法。

说明：你们觉得幼儿在幼儿园里要独立完成的事情有哪些？（家长回答后教师解答）背书包、换衣服、晒衣服、叠衣服、整理书包、放书包、吃饭、清理桌面、擦嘴巴、漱口、搬椅子、穿脱衣服、上厕所、擦屁股、主动寻求教师的帮助等。

话题二：怎样做好家园共育？

说明：我园的家园共育有以下几个方面，家长学校活动、家长开放日、家长助教、幼儿园的大小型活动、家园互动网站的使用、亲子活动、班级琐碎的日常工作，如整理家园联系本、剪指甲、全班性的外出活动以及其他一些具体的事情。

话题三：在紧张的工作与幼儿教育之间，你如何安排？父母应有什么样的态度？

说明：现在的父母工作都比较忙，在工作与幼儿教育之间怎样分配你们的时间？父母对待幼儿应该持有什么样的态度呢？

（3）讨论后分享，教师点评。

5. 成立班级家委会。

（1）说明家委会成立的意义。

（2）分享家委会成员的工作瞬间（PPT形式）。

（3）家委会成员代表发言。

6. 分享。

（1）你是哪种类型的家长？

① 家长的五种教育类型。

② 自主与放任的区别。

（2）分享PPT《一块地总有一粒种子合适》。

每一粒种子都有一块适合自己的土地，我们的家长和教师该给幼儿提供怎样的土壤，才能让幼儿得到幸福的人生呢？让我们一起反思，一起成长，为幼儿种下一粒幸福的种子！

7. 合影留念。

案例三：小班下学期开学家长会

小班下学期开学家长会

活动背景：

幼儿进入幼儿园，在经历了小班上学期的幼儿园集体生活之后，在生活卫生习惯、自理能力、集体意识等方面都有了一定的进步，家长对幼儿园的管理、教育理念和需要配合班级的各项工作也有了一定的了解，并给予了支持与配合。一个学期即将结束，我们要对班级的家长进行一个全面的总结汇报，告知家长新学期班级的工作计划和工作重点，引导家长积极配合。基于这些情况，我们开展了本学期的家长会活动。

活动目的：

1. 向家长反馈幼儿在这一个学期的成长、进步。

2. 全面介绍新学期班级的工作计划和工作重点，引导家长积极配合。

3. 整理上学期家长对班级工作的支持与帮助的事项，并进行表彰。讨论新学期的亲子活动，收集更多的家长资源，丰富幼儿在园生活。

活动方式：

1. 观看幼儿上学期活动内容回顾的PPT。

2. 班主任向家长介绍新学期班级的工作计划和工作重点。

3. 分组讨论：本学期亲子活动的方案。

活动时间：新学期开学第二周周末。

活动地点：本班教室。

活动主持：班主任。

适应年龄：小班。

活动准备：

1. 幼儿在园学习情况回顾的PPT。

2. 新学期工作介绍：包括幼儿发展现状分析、班级的工作计划及重点、每月的工作内容及重点。

3. 家长义工、义教活动表彰证书。

4. 分组讨论记录纸、笔。

活动流程：

1. 园长讲话。

2. 班主任主持。

（1）观看幼儿上学期活动内容回顾的PPT。

（2）班主任向家长介绍新学期班级的工作计划和工作重点。

① 班级幼儿发展现状分析。

② 班级的工作计划及重点。

③ 每月的工作内容及重点。

（3）家长义工、义教表彰：感谢为班级做出贡献的家长，鼓励更多的家长加入义工、义教队伍。

（4）分组讨论：本学期亲子活动的方案。

家长按亲子活动分成三个小组，由组长牵头讨论各组了解到的亲子活动场地、活动资源，并把内容记录下来，为班级的亲子活动提供参考。

温馨提示：

1. 每学期一次的家长会要在活动前一周定好时间，并告知家长，方便家长提前安排好工作和幼儿，尽可能保证全勤。

2. 会后教师要整理简报纪要，发到班级微信群中，方便家长更好地配合班级工作。

3. 分组讨论的主题和内容可依据不同阶段的家长配合工作的需求进行安排，也可以按照班级开展活动的内容设定，如班级本学期将要开展"爸爸妈妈故事团"活动，需要家长合作表演童话剧，可以借这个聚在一起的机会来商讨内容及分工。

因您而精彩

——小班下学期家长会

会议时间：×年×月×日×：00—×：00。

会议准备：

1. 会场布置：桌椅摆放的位置既要适合小组讨论，又要适合做游戏；家长小组名牌；采帧集按照组别摆放在桌面上；茶水。

2. PPT《我们能拥有孩子多少年》、数字故事《发现美》、电脑多媒体正常使用、相机充电。

3. 通知家长穿开衫到家长会现场，为游戏做准备。

会议分工：

班主任主持会议，副班主任负责签到、音乐、家园联系单的核对和制作，保育教师负责现场拍照，发放大白纸和笔、茶水。

会议流程：

1. 请家长欣赏幼儿在园生活、学习的采帧集，并发表感受。

2. 游戏"比比看"。

游戏目的：通过穿衣服比赛让家长理解自我服务对4岁幼儿的意义。

游戏方法：将家长分成两大组，一组为"他人帮忙穿衣服"比赛队，另一组为"自己穿衣服"比赛队。两队面对面站好，以"1、2，1、2"的形式报数。教师宣布比赛开始，"他人帮忙穿衣服"组报数2的家长为报数1的家长穿衣服，"自己穿衣服"组的家长无论报数1还是2都要自己穿衣服，看大家穿好衣服的总时间是多少。

游戏分享：哪一组用的时间短？哪一组用的时间长？为什么？有什么感受？

3. 观看课件《我们能拥有孩子多少年》。

（1）教师发表感受。

（2）请个别家长发表感受。

（3）重点表扬每天陪伴幼儿的家长。

4. 分组讨论。

（1）进行相关说明：每组讨论一个话题，讨论时记录，讨论结束后小组分享。

（2）出示话题。

话题一：你们组幼儿的自理能力与他到大班时的学习能力有什么关系？怎样提高幼儿的自理能力？

话题二：你们组幼儿的身体素质怎样？怎样提高幼儿的身体素质？

话题三：你们组的成员怎么理解家园共育？家长应该怎样配合幼儿园的工作？每日、每周、每月、每学期的主要内容是什么？

话题四：你们组的成员有哪些资源优势？本学期可以开展几次怎样的家庭小组活动？

5. 欣赏数字故事《发现美》。

我们的身边并不缺乏美好的故事，而是我们终日过于匆忙无暇欣赏。父母对事物的态度直接影响着幼儿未来对人生的看法和理解。因此，本学期倡导家长时常来班级，经常分享交流育儿体会，让我们共同见证每个幼儿的点滴进步。

6. 合影留念。

案例五：家长开放日之家长会

家长开放日之家长会

活动背景：

每学期一次的家长开放日即将到来，班级教师不仅要准备活动，还要在开放日活动结束后现场召开一个简短的家长会，借此机会，针对幼儿最近的学习与发展状态，进行家园沟通。

活动目的：

1. 通过半日开放活动，让家长走进幼儿园、走进教学，感受和了解幼儿园的课程，并在此基础上，加强家长间的互动交流，帮助家长树立正确的教育理念。

2. 向家长介绍幼儿发展档案册的教育价值、收集典型资料的意义，争取家长的支持。

活动方式：

1. 现场解答家长疑问。

2. 集体会议。

活动时间：小班下学期中段。

活动地点：幼儿园会议室。

活动主持：班主任。

适应年龄：小班下学期。

活动准备：

1. 班主任准备发言内容。

2. 准备互动答疑环节的小纸条。

3. 准备家长调查表。

活动流程：

1. 家长填写半日开放活动调查表。

2. 班主任介绍小班幼儿一日生活的流程，重点解读每一个环节背后的教育内涵，让家长进一步理解幼儿园的课程。

3. 交流互动，现场解答家长疑问。

4. 详细介绍班级近期配合的具体要求，引导家长积极配合。

5. 向全体家长介绍幼儿发展档案册的教育价值、收集典型资料的意义，争取家长的支持。

6. 家长相互观摩幼儿发展档案册。

温馨提示：

1. 会后，与个别家长做深入交流。

2. 家长开放日，要求家长出全勤。

3. 建议长话短说，高效简洁。

案例六：中班上学期家长会

每一粒种子都有合适的土壤
——中班上学期家长会

会议时间：×年×月×日19：00—21：30。

会议准备：

1. 家长按4组分别就座，每人一瓶矿泉水，采帧集发放在椅子上。

2. 白纸各组3张、油性笔若干支、白板一块。

3. 各组名牌、《血型实验》短片、家长会议PPT、《一块地总有一粒种子合适》PPT。

4. 会场布置，如桌布、新朋友全家福PPT。

会议流程：

1. 认识新朋友：请新来的幼儿家长进行自我介绍，配合播放全家福PPT。

2. 优化家长的育儿观念。

（1）带着问题观看视频《血型实验》。

问题一：您了解孩子吗？

问题二：您与孩子共同成长了吗？

（2）交流分享。

邀请两位家长畅所欲言，谈谈观看短片后的感受。

（3）教师总结。

家长要采用合适的方法对幼儿进行教育；生气时不教育，教育时不生气。

3. 加强班级文化建设。

（1）班级环境文化建设。

班级环境文化建设是指教室的净化、绿化、美化。

（2）班级制度文化建设。

①各小组讨论并汇总。

②教师补充。

家长要重视日常教育的配合工作，如坚持交家园练习本、心情本，及时地、高质量地完成幼儿园布置的任务，如每周剪指甲等。

家长要宽容对待幼儿间的纠纷、矛盾，如打架，打别人的幼儿的家长应及时致电向对方道歉，被打的幼儿的家长应宽容对待。

家长不随便给幼儿买玩具，只在"六一"儿童节、新年和幼儿生日时买。

（3）班级精神文化建设。

①各小组讨论并汇总（10分钟）。

②归纳总结。

班级活动：如10月15日和10月16日的育新学校活动。各小组活动，玩具交换日。

人际关系（家长间、幼儿间、师幼间、家长与教师之间、家园之间）。

4. 欣赏《一块地总有一粒种子合适》。

心若改变,态度就会跟着改变；态度若改变，习惯就会跟着改变；习惯若改变，性格就会跟着改变；性格若改变，人生就会跟着改变。为孩子奠定未来幸福人生的基础，是幼儿园和家庭义不容辞的责任。让我们发扬小班一年的光荣传统，继续努力创造新的成绩。

案例七：中班上学期家长会

中班上学期家长会

活动背景：

经过了在幼儿园里一年的学习生活，幼儿即将升入中班啦！为了感谢家长这一年来对班级各项工作的信任、支持与配合，也为了向家长汇报班级幼儿的学习情况，让幼儿升入中班后，能够尽快适应中班在学习、生活等方面的新要求，我们在中班开学后的第二周选定一天，召开班级家长会。

活动目的：

1. 引导帮助幼儿尽快适应中班开学后的新生活。

2. 促进家园沟通，指导家长了解中班幼儿的身心特点，更好地支持与配合班级工作。

3. 完善班级各项工作，促进班级工作质量的提升。

活动方式：

1. 集体交流：全体家长集中在教室内，由班主任主持会议。

（1）解读班级的工作计划。

（2）班主任向家长宣讲家园合作要求。

2. 小组讨论：将家长分成几个小组，各小组自行讨论。

（1）对幼儿园的大型活动及班级开展的家长义工、亲子活动等进行分享交流。

（2）各小组制订中班亲子活动计划，搜集活动资源，并进行汇总。

3. 个别交流：班级教师与个别家长沟通交流，特别是对一些具有特殊要求的家长或幼儿，进行较为深入的了解，满足家长的合理需求。

活动时间：新学期开学第二周周末。

活动地点：本班教室。

活动主持：班主任。

适应年龄：中班。

活动准备：

1. 安排好家长会的流程，撰写班级工作计划、家长会邀请函，告知家长会议的时间、目的和要求。

2. 班主任组织好开场白，让家长会有一个好的开端。

3. 布置教室，营造氛围。可布置幼儿作品墙或作品场地，将幼儿的优秀作品进行展览，给家长丰富直观的感受，使他们对班级工作留下良好印象。

4. 准备好幼儿日常活动的录像、照片，制作成班级相册，在家长会召开前的等候时间进行连播。

5. 安排好班级其他教师的发言内容，如配班教师、保育教师可将自己负责的班级的具体工作内容告知家长如何配合。

活动流程：

1. 班主任说开场白。

2. 邀请园长向家长致辞。

3. 班主任结合PPT讲解班级的工作计划。

4. 家长分组讨论。

5. 个别交流时间。

温馨提示：

1. 对全体家长公布班级教师的电话、微信等联系方式，方便家长第一时间与教师联络。

2. 提前邀请个别家长将自己的育儿经验进行总结提炼，与全体家长交流共享。

3. 了解家长的职业、可提供的教育资源，建立班级家长教育资源库，形成互助合力，让班级幼儿受益。

案例八：中班下学期家长会

励志的雄鹰
——中班下学期家长会

会议时间：×年×月×日19：00—22：00。

会议准备：

1. 家长按5组就座，每人一瓶矿泉水，采帧集发放在椅子上。

2. 白纸各组2张、油性笔若干支。

3. 5组名牌。

4. 《励志的雄鹰》PPT、家长会议PPT和新朋友全家福PPT等。

5. 拍照；会场布置，如铺桌布。

会议流程：

1. 欣赏采帧集。

特别感谢部分家长的付出和支持。

2. 名人励志故事分享。

美国聋哑女作家海伦·凯勒的故事。

无臂钢琴师刘伟的故事。

3. 欣赏短片《再生的雄鹰》。

（1）欣赏短片。

（2）分组讨论如何培养幼儿的坚强的意志力，如何运用以下方法。

一组：目标导向法；二组：独立活动法；三组：克服障碍法；四组：自我控制法；五组：鼓励肯定法。

（3）小组分享。

（4）教师小结。

一是目标导向法。家长应和幼儿一起制订计划，使幼儿有明确的目标，有盼头，在这个过程中，幼儿会表现出顽强的毅力。但目标一定要恰当，稍做努力就能达到。二是独立活动法。一切幼儿能够胜任或者通过努力能够胜任的事情，家长绝不要包办代替，全家步调一致，让幼儿有克服外部困难和内部障碍的机会。如果幼儿不能完成，家长也要等一会，不要马上帮忙。三是克服障碍法。家长要有意识地给幼儿设置困难，引导或支持幼儿一起克服困难。四是自我控制法。五是鼓励肯定法。

4. 班级事务性工作安排。

（1）幼儿园搬迁事宜。

（2）助教报名。

（3）食谱大赛。

（4）本学期的大型活动。

5. 欣赏数字故事《相遇不是用来生气的》。

6. 教师总结。

本学期任务繁重，有很多事情会麻烦每个家庭，希望每个家庭都能一如既往地配合点点滴滴的工作，保持有效沟通，勤用家园联系本、网络、电话等沟通工具。因为只有家庭配合密切，幼儿在各方面的进步才能显著，如果家长只顾工作不顾幼儿，那么幼儿的进步就相对缓慢，这也就是常说的"家园两个轮子一起滚动才能快速滚动"。让我们用宁静的心去拥抱世界，用智慧去抚育幼儿，使幼儿在原有水平上得到全面发展。

案例九：大班上学期家长会

感恩的心　感谢有您
——大班上学期家长会

会议时间：×年×月×日19：00—21：30。

会议准备：开班会讨论，统一思想，商讨细节，细致分工。

会议目标：让家长高度重视、密切配合幼小衔接工作。

会议流程：

1. 认识新朋友。

2. 感谢家长、班级教师的付出。

（1）播放PPT，内容是为了营造整洁、优美的环境，教师在假期里辛苦工作的场景。

（2）家长们有力的出力、有资源的出资源，众人拾柴火焰高。

3. 欣赏《蝴蝶的启示》PPT。

（1）小组讨论。

（2）分享，每组派代表发言。

4. 讲解大班幼儿的年龄特点。

（1）自我评价能力逐步发展，情感更稳定。

（2）自理能力和劳动能力明显提高。

（3）合作意识增强，规则意识逐步形成。

（4）爱学好问，有强烈的求知欲望。

（5）初步理解周围世界中比较隐蔽的因果关系，能根据周围事物的属性进行概括分类。

（6）能生动、有表情地描述事物，阅读兴趣显著提高。

5. 介绍本学期的教学重点。

（1）幼儿存在的普遍问题。

①倾听能力、专注力有待加强。

②做事的持久性有待加强。

③做事不主动，拖拉现象严重。

④热情、开朗，但是不够礼貌。

⑤知识面较窄。

（2）本学期的重点。

①增强幼儿的体质。

②培养幼儿的倾听能力。

③提高自我物品管理和自我服务意识。

④识字活动（可以介绍一些在日常生活中渗透认字的好方法）。

（3）家长配合的要点。

①培养幼儿倾听多重指令，听广播、故事等。

②培养幼儿自己收拾第二天上学需要准备的东西的习惯。

③引导幼儿为自己制定食谱。

6. 家委会工作。

（1）班级经费的使用情况。

（2）班级活动要征询家长的意见。

7. 欣赏《悟》PPT。

案例十：大班上学期家长会

大班上学期家长会

活动背景：

　　大班是幼儿在园期间最为关键的一个时期。开学两周了，班级的各项工作已经有序展开，为了让家长更多地了解幼儿在园的情绪、进餐、午睡、游戏、学习等情况，也为了让家长对幼儿园的工作有更深入的了解，更好地进行家园合作，取得家园教育的一致性，引导、帮助幼儿做好幼升小的物质准备和精神准备，我们商议决定召开升大班后的第一次家长会。通过与家长的交流，我们了解到家长对本次家长会非常期待和重视。

活动目的：

1. 让家长了解本学期班级的工作计划、幼儿园将要开展的大型活动的内容，以便使家长积极有效地配合班级开展各项工作。

2. 向家长汇报幼儿的整体发展情况，提出幼儿升入大班后的发展目标。针对个案进行个别沟通，促进全班幼儿的健康发展。

3. 给予家长与教师沟通机会，促进家长与教师达成共识，实现家园配合，促进班级各项工作的开展。

活动方式：全班家长参加的集体会议。

活动时间：新学期开学第二周的周末。

活动地点：本班教室。

活动主持：大班班主任。

适应年龄：大班。

活动准备：

1. 布置教室，营造整洁、温馨的大家庭氛围。

2. 搜集整理班级幼儿日常活动的视频、照片，会前播放班级活动PPT。

3. 整理幼儿成长档案，可在家长会上让家长翻阅了解幼儿的在园生活及学习情况。

4. 邀请家委会主任在家长会上发言，统筹安排家委会工作，协调人员安排。

5. 提前召集班级的家委会成员开一次家委会，共同商议在家长会上需要家委会配合的内容：拟开展的亲子活动、毕业典礼等活动，班级家委会购买物品的清单等。

活动流程：

1. 园长讲话。

感谢家长对幼儿园工作的理解、信任与支持，对新学期幼儿园的工作安排及幼小衔接工作进行简要介绍。

2. 班主任主持。

（1）向家长介绍班级的整体工作情况。

①介绍班级人员的分配及职责。

会议首先介绍班级人员的分配，让家长了解班级教师的配备与分工，更好地与班级教师进行沟通与交流。

②班级情况分析。

通过向家长介绍班级的教育教学进展，课程配合要求，本学期需要家长参加的活动如亲子运动会、公开课、辞旧迎新活动等，让家长了解幼儿在园的活动和本学期的发展目标，做到心中有尺度，行动有方法。

从幼儿在生活方面和学习方面的发展来分析。例如，从幼儿的自理能力方面来分析，大部分幼儿的生活能够自理，他们自己能穿衣、吃饭、叠被子，让家长了解幼儿在园的生活情况，可以使他们在家里更好地培养幼儿在生活上的自理能力。

从幼儿的性格方面来分析，从整体上分析幼儿性格的发展情况，可以让家长增进对幼儿性格的了解，更好地进行教育。

最后，从幼儿的学习方面进行分析，主要从幼儿的学习习惯进行分析，如部分幼儿在学习时注意力不集中，家长了解到这一情况后会对幼儿进行有针对性的教育，培养幼儿注意力的持久性。

③宣读本学期班级的工作计划、幼儿园大型活动的策划方案。

通过全面介绍本学期班级的工作目标与内容，让家长对新学期的活动有所了解，以利于他们更好地配合幼儿园和班级，共同完成学期工作任务。

④教师做自我介绍并简短发言。

班级配班及保育教师给家长讲解各自对班级幼儿的了解和发现的问题，让家长对幼儿的在园情况有全面细致的了解，家园同步，更好地引导幼儿的发展。例如，教师在讲解幼儿生活自理能力的培养等重点要做的工作时，可以让家长了解幼儿生活方面的一些情况，如进餐习惯有所改善、能安静午睡、掌握正确的洗手方法等；但也有一些方面，需要家长和教师共同配合来帮助幼儿，如良好的卫生习惯、学习习惯的培养等。鼓励祖父母放手给予幼儿更多的机会，来逐渐提高幼儿的能力。

（2）介绍班级的幼小衔接工作。

①引导家长重视幼儿在幼儿园的最后一年里生活习惯、行为习惯、学习习惯的培养，给家长提出一些小建议和注意事项，让幼儿有一定的任务意识。例如，需要家庭配合开展的主题活动的内容，要让幼儿自己向家长陈述，学习照料植物等。

②把幼小衔接工作作为大班幼儿教育的一项重要工作来抓，开展幼小

衔接系列活动，如提前了解小学的概况，请家长中的专业教育工作者如小学教师举办家长沙龙或专题讲座，使家长对幼小衔接工作的内容、方法有进一步的认识。

（3）家委会工作介绍。

① 发起家长助教活动。请家长根据自己的工作资源和个人特长，为班级幼儿上一节课或开展一项教育教学活动，挖掘班级潜在的教育资源。

② 开展常规性家长义工工作：家长每周协助保育教师擦洗托盘一次，协助保育教师维持卫生清洁，也让家长在协助工作中，了解班级区域材料的丰富和特色，感受教师工作的琐碎辛苦。

③ 邀请富有育儿心得与教育经验的家长，分享自己的心得与经验。

④ 给热心义工的家长颁发荣誉证书，弘扬班级工作正能量。

温馨提示：

1. 家长会前两周教师要与家委会沟通，给予意见和引导，先行召开讨论会，进行人员的分工与细节的安排。

2. 对班级幼儿的教育和生活情况进行分析时，应从大体上分析，会后再有针对性地与特殊的幼儿家长进行个别交流。

3. 家长会后教师要进行反馈沟通，了解家长的心声。通过家长会增进双方的沟通和信任，达到预期的目的。

案例十一：新教师第一次家长会

新教师第一次家长会

活动背景：

星星班是一个大班，开学前两天，该班原班主任因家庭原因突然调离，考虑到大班是幼小衔接的关键期，园领导决定安排一名骨干班主任以及和她搭档多年的配班团队，集体出任星星班教师，加上该班原有的一名教师，组合成三教一保的四人团队。更换了班主任和两名教师，幼儿能否适应？家长们担忧不已。

已经开学两周了，班级教师做了大量的工作，通过仔细观察，对幼儿的特点有了一些了解。为了顺利开好家长会，班主任提前主持召开了班级家委会会议，通报情况，商议内容，建立感情，取得支持。

活动目的：

1. 介绍班级情况和教师情况，增进了解。

2. 帮助家长建立对教师的信任。通过游戏互动，让家长感受新任教师的工作风格，增进家长与教师之间的感情。

3. 全面介绍本学期班级的工作计划和工作重点，引导家长积极配合。

活动方式：

1. 观看幼儿活动视频。

播放幼儿近两周在园一日生活的两段视频（8分钟），让家长了解活动中幼儿的真实表现。在第一段视频里，幼儿躁动，无法安静地倾听，不专注于活动。在第二段视频里，教师通过闭眼游戏、身体语言和激励引导，使幼儿参与活动的专注程度得到改善，从而可以看出教师的教育方法有效，幼儿的可塑性很大。

2. 圆桌式集体会议。

3. 游戏互动。

活动时间：新学期开学第二周周末。

活动地点：本班教室。

活动主持：班主任。

适应年龄：大班。

活动准备：

1. 班级教师一起讨论会议内容和流程。

2. 收集编辑幼儿活动照片。

3. 制作会议PPT。

4. 准备发言稿（大纲）。

5. 音乐和游戏。

6. 设计约访表。

尊敬的家长：

　　为了全面了解孩子的发展和您的教育理念，让孩子尽快进入一个快乐而有意义的学习状态，我们班全体教师将与您进行个别沟通，请您选择以下任何一种方式，我们将按照您的意愿与您交流。谢谢您的支持！

1. 家庭访问。（　　）　　2. 电话访问。（　　）　　3. 来园约访。（　　）

幼儿姓名：　　　　　　　　　　家长签名：

活动流程：

1. 园长讲话：介绍换班级教师的缘由；介绍几位教师的特点；感谢家长的理解与支持。

2. 班主任主持。

（1）播放视频，了解幼儿，建立信心。

播放提前录制好的幼儿活动视频，让家长直观地了解幼儿的现状：躁动，参加活动不专注，没有形成良好的倾听习惯。

教师带领幼儿做闭眼游戏，通过激励引导，幼儿参与活动的专注度有了改善。

（2）分析大班幼儿的年龄特点。

（3）介绍本学期的工作重点。

（4）详细介绍需要家长配合的事项。

（5）宣布新一届家委会名单。

（6）全体家长自由组合，分成4个亲子活动小组，由家委会成员任组长，合作式讨论本学期亲子活动的方案，4名教师分别到各组聆听、了解。

温馨提示：

1. 新班主任第一次与全体家长见面开会，提示家长尽量出全勤。

2. 几位教师共同商议内容与形式，准备得充分、详尽，才能把想说的表达到位。

3. 建议开学2~3周后开会，给教师了解幼儿的时间，有了解的基础，发现了问题，才能更好地解决。

4. 此次家长会后，几位教师要注意收集家长的意见，争取获得家长的信任和支持。

案例十二：大班下学期家长会

友谊地久天长
——大班下学期家长会

会议时间：×年×月×日19：30—21：30。

会议准备：组别立牌、签到表、茶水、班级环境布置、游戏的背景音乐。

会议流程：

1. 游戏：多元排队。

（1）游戏玩法。

苹果、草莓为一组，香蕉、荔枝为一组，各组迅速选出一名组长，并在组长的组织下完成5分钟的"多元排队"任务，看哪一组的排队方式既多又具新意。游戏结束后每组派一名代表汇报和交流游戏情况。

（2）汇报排队情况。

（3）教师小结。

在幼儿就读幼儿园的三年时间里，家长理解了加德纳的多元智能理论，希望在不久的日子里、在幼儿离开幼儿园去小学的日子里，您都不会忘记幼儿多元智能的潜力所在，充分挖掘幼儿最具优势的智能，让幼儿做自己喜欢做又有意义的事情。

2. 游戏：报数。

（1）游戏玩法。

家长站成一个大圆圈进行集体报数，报数为单数的家长站在左边（为A队），报数为双数的家长站在右边（为B队）。两队各推选一名女队长、一名男队长。A、B两队轮番进行报数比赛，当裁判（教师）说完"3、2、1，开始报数"后，两队开始报数并分别计时，输了的那队由两位队长接受惩罚（第一轮做俯卧撑10个、第二轮做20个、第三轮做40个……），队长不参与游戏。

（2）游戏规则。

家长听到"报数"两个字后才可以开始报数，抢报、漏报、错报为无效成绩。

（3）请家长分享游戏感受。

（4）教师总结。

我们共同度过了近三年的时光。当你们把孩子第一次交到我们手里的时候，他们有的拳打脚踢，有的号啕大哭，有的不停地在我们耳边嚷着"找妈妈，我要找妈妈"，有的爬高爬低，有的在楼下捞鱼，有的随地大小便——面对这群幼儿，我们诚惶诚恐、如履薄冰，我们承受着来自家长、领导、社会，乃至自己给自己的压力。作为幼儿的教师，我们没有理由不尽心尽力；作为家长的朋友，我们没有理由不化压力为动力，把自己的爱心、耐心最大限度地付之于教育行动。久而久之，肩头的那份责任变得更加重大。这是一个关于责任的游戏，在这个游戏中相信大家已经感受到了那份沉甸甸的责任！

3. 嘉许环节。

（1）将家长分为3~4批。

（2）嘉许过程。

家长围成一个大圆圈，教师给每位家长发一扎绿色丝带，并告诉家长："一会儿老师会念孩子的名字，请听到孩子名字的家长走向圆心，准备接受圈上家长的嘉许，圈上的家长要把您手中的绿丝带系在您要感谢的家长的手腕、眼镜、衣服或头发上。"

（3）温馨提示。

① 嘉许顺序：经常为班级送日常用品的家长；交相关资料最及时、从不拖拉的家长；每天亲自接送幼儿，并和教师保持顺畅、有效沟通的家长；家委会的全体家长。

② 在家长接受嘉许的过程中，教师还要把家长日常为幼儿园、为班级、为幼儿所做的点点滴滴用生动的语言描述出来，营造浓浓的气氛。

二、家长学校

家长学校是一种对家长宣传科学育儿理念、传播科学育儿方法的教育组织形式，其目标是避免家庭教育走入误区，帮助家长掌握正确的家庭教育理念与方法，提高家长的亲职素养和家庭教育质量。

家长学校的意义：家长学校是家园合作的重要平台和纽带，举办家长学校是为了发挥家庭环境的教育功能，使幼儿园教育和家庭教育紧密结合，创设使幼儿健康成长的环境。幼儿园教育成功与否，在很大程度上取决于幼儿园与家庭的联系，取决于家庭是否与幼儿园配合，形成教育合力。

（一）组织流程、方法和要点

1. 组织流程

第一，确定活动讲授的具体内容。

第二，根据计划，提前1~2周告知家长此项活动，提前2~3天发正式邀请函（纸质版/电子版），邀请家长参加活动。

第三，准备活动的相关事宜。

第四，举办讲座或沙龙活动。

第五，活动后收集家长的意见。

2. 组织方法

（1）活动级别

根据当次家长学校的授课内容和对象确定活动的级别（全园、年龄段、班级、某一个项目涉及的家长群体）。

（2）活动预算

预估参与人数，估算需要投入的人力、物力。

（3）主题确定

采取问卷调查、座谈等方式了解家长希望参与的内容及方式，确定多数家长感兴趣和需要了解的话题为家长学校活动的主题。

（4）活动方式

根据当次授课内容设计组织方式（讲座、参观、沙龙、座谈等）。

（5）告知家长

向家长发出家长学校的邀请函，告知学习内容、具体时间和地点。

（6）意见收集

活动之后收集家长对当次活动的意见。

（7）反思归档

活动后对当次教学的情况进行记录、反思，整理资料、归档，制成宣传材料等。

3. 组织要点

第一，幼儿园或班级需建立家长学校制度。

第二，根据家长的实际需要确定讲座的内容。

第三，事前与讲师充分沟通，保证活动的有效性。

第四，组织形式要灵活多样，能够调动家长参与的积极性。

第五，活动后要进行宣传，注意资料的整理和留存。

（二）各年龄段家长学校的案例

1. 讲座类案例

案例一： 小班"新生入园焦虑"主题家长学校活动方案

小班"新生入园焦虑"主题家长学校活动方案

活动背景：

幼儿园生活是幼儿成长过程中的一个关键转折期，每年9月的开学季，都会有幼儿从家庭正式走向集体、走向社会，不得不与父母分离，去面对陌生的环境、陌生的人，很多事情都需要自己去做……多方面因素的综合作用使幼儿产生了入园焦虑。与此同时，面对分离和对幼儿园的不了解，家长同样也产生了分离焦虑。这是大部分的幼儿、家长和教师需要面对和解决的入园问题。

活动目的：

1. 引导家长正确了解家长分离焦虑、幼儿入园焦虑产生的原因及对策。

2. 在幼儿园的指导下，家园共育，共同努力，有针对性地采取有效措施，减少或消除幼儿的入园焦虑，为幼儿的健康成长保驾护航。

活动形式：

1. 讲座。

2. 经验交流。

活动时间和地点：

活动时间：新学期开学前。为有效减少或消除幼儿的入园焦虑，家园需密切配合，做好一系列的准备工作，因而，有条件的幼儿园建议把活动时间安排在7月上旬或者8月底。

活动地点：幼儿园多功能厅、礼堂等能容纳全级教师和家长的场所。

具体安排：

内容	负责人	完成时间	备注
电子问卷调查，收集家长关注的入园问题	家长工作负责人、电教	提前一个月	
分析问卷并结合往年经验，制订家长学校讲座方案	家长工作负责人	提前三周	
联系讲师，并与讲师沟通讲座方案	家长工作负责人	提前两周	

续表

内容	负责人	完成时间	备注
制作邀请函、家长满意度调查表	教研员	提前一周	
发放邀请函	电教、班主任	提前一周	
场地布置（横幅、桌椅、茶水）	后勤负责人安排	活动当天	
现场音响、背景音乐、照相、录像等	电教	活动当天	
接待与签到	小班班主任	活动当天	
现场秩序维护	小班教师	活动当天	
场地收拾与清洁消毒	小班全体教师、后勤	活动当天	
写通讯稿，发布	教研员	活动当天	
满意度调查表的回收与分析，活动总结，资料归档	家长工作负责人	活动后一周内	

附：讲座提纲

1. 入园焦虑

（1）什么是入园焦虑？入园焦虑是指幼儿从家庭进入幼儿园，在正式开始社会生活时，由环境的改变、社会性依恋、安全感缺失等导致的不适应。

（2）幼儿入园焦虑的具体外显行为（哭闹、跟随、安静）。

（3）家长分离焦虑的具体外显行为（窥探、焦躁、坐立不安、对幼儿进行消极引导）。

2. 入园焦虑产生的原因

（1）幼儿方面

①社会性依恋。

②安全感缺失。

③生活的依赖。

④缺乏必要的社会交往。

（2）家长方面

①对幼儿园缺乏信任。

②无法对自己的孩子进行正确评价。

3. 入园焦虑的对策

家长要做到以下几点。

（1）创造更多的条件，有目的地鼓励幼儿进行社会交往。

（2）多与幼儿聊幼儿园的相关话题，进行正面引导，让幼儿产生向往。

（3）参加幼儿园的半日体验活动，熟悉幼儿园的环境和教师。

（4）针对幼儿园的学习生活，有针对性地培养幼儿的生活自理习惯与自理能力。

（5）邀请教师进行朋友式的家访。

（6）配合班级提供家庭合影、幼儿喜欢的物品等，布置家庭角。

（7）入园后对幼儿进行正面的引导，树立幼儿园和教师的正面形象，如多说"今天交了什么好朋友？"而不是"有谁打你没有？"，多说"老师给你奖励了几朵小红花？"而不是"老师有没有骂你？"等。

案例二：中班"孩子撒谎了，怎么办"主题家长学校活动方案

中班"孩子撒谎了，怎么办"主题家长学校活动方案

活动背景：

可从以下几个方面讲述本次活动的背景。

1. 中班幼儿的年龄特点及常见的谎言。

2. 针对撒谎现象进行问卷调查，调研家长的看法。

3. 可就某个案例进行引申和扩展。

活动目的：

1. 帮助家长了解中班幼儿的年龄特点，正确认识中班年龄段的幼儿。

2. 以案例分析的形式，引导家长了解撒谎的代表性行为及应对措施。

3. 向家长传递正确的育儿理念，使他们能正确面对幼儿的行为，积极开发幼儿的想象力，增强幼儿的语言表达能力。

活动形式：

1. 讲座。

2. 现场互动交流。

3. 就某个要点举办辩论赛。

活动时间和地点：

活动时间：中班上学期期末。

活动地点：视具体人数选择适宜的场所。

具体安排：

内容	负责人	完成时间	备注
电子问卷调查，收集家长关注的问题	家长工作负责人、电教	提前一个月	
分析问卷，并结合往年经验，制订家长学校讲座方案	家长工作负责人	提前三周	
联系讲师，并与讲师沟通讲座方案	家长工作负责人	提前两周	
制作邀请函、家长满意度调查表	教研员	提前一周	
发放邀请函	电教、班主任	提前一周	
场地布置（横幅、桌椅、茶水）	后勤负责人安排	活动当天	
现场音响、背景音乐、照相、录像等	电教	活动当天	
接待与签到	中班班主任	活动当天	
现场秩序维护	中班教师	活动当天	
场地收拾与清洁消毒	中班全体教师、后勤	活动当天	
写通讯稿，发布	教研员	活动当天	
满意度调查表的回收与分析，活动总结，资料归档	家长工作负责人	活动后一周内	

附：讲座提纲

1. 中班幼儿的年龄特点

（1）精力和体力旺盛。

（2）主观意识和辨别能力增强。

（3）思维以具体形象为主。

（4）想象力更加丰富。

（5）语言表达能力增强。

（6）以无意识的记忆为主。

2. 说谎的种类及背后的内容

（1）说谎的种类：有意说谎、无意说谎。

（2）说谎背后的行为和语言。

3. 对不同类型的说谎的应对策略

（1）无意说谎行为，会随认知水平的提高而消失。

对幼儿的无意说谎行为，我们无须过分担心。随着年龄的增长和幼儿

的认知水平、理解能力、表达能力的提高，这些说谎现象会自然消失。成
人应抱着理解的态度，避免一味地指责和训斥幼儿说假话，应采用适当的
方法让幼儿明白事理。

（2）对有意说谎行为，应综合引导。

①保护幼儿的自尊心。

幼儿说谎的动机是多种多样的，但说谎并不都是损人利己的，有时可
能是一种自我显示的表现。所以家长在处理幼儿的说谎问题时一定要实事
求是，保护幼儿的自尊心。

②信任幼儿，与幼儿平等相处。

如果父母能理性地对待幼儿的说谎，便可避免幼儿最初出现的有意说
谎。无论是家长还是教师，都应该多信任幼儿、尊重幼儿。

成人要学会倾听幼儿说话，并向其说明"做错事不要紧，重要的是如
何改正"，让幼儿认识到改正说谎的缺点后依然能得到成人的信任。

③引导良好社交，强化诚实行为。

与同伴的交往对幼儿的个性发展和社会化过程起着重要影响，友好地
说话会促进幼儿的社交行为向积极的方向发展。

④以身作则，言传身教。

幼儿的模仿能力特别强，所以家长在日常生活中一定要注意自己的言
行，自己首先不能说谎，更不要为了自己的利益错误地引导幼儿。

对幼儿的一些过错和过激行为，家长要正面引导幼儿改正错误，以免
幼儿在做错事情后，对家长产生恐惧心理进而说谎。

案例三：大班"幼小衔接"主题家长学校活动方案

大班"幼小衔接"主题家长学校活动方案

活动背景：

可从以下几个方面讲述本次活动的背景。

1. 观察分析当前大班幼儿在幼小衔接过程中的经验水平。

2. 总结有针对性地开展的活动以及取得的效果。

3. 提前通过问卷调查征询家长在幼小衔接方面的顾虑、需求，整理汇总

意见，提取其中受到普遍关注的问题，将其作为本次家长学校的讲座主题。

4. 就主题及其他相关问题与负责讲座的讲师进行前期沟通，探讨其效果如何。

活动目的：

1. 帮助家长解决他们在问卷调查中提到的在幼小衔接方面的顾虑和需求。

2. 向家长传递正确的育儿理念，培养幼儿良好的学习品质和社会交往能力。

活动形式：

1. 讲座是主要的形式。

2. 在活动过程中可采用小组讨论与发言的参与形式。

3. 在活动结束部分可采用个别提问与专家解答的形式。

活动时间和地点：

幼小衔接讲座一般在大班下学期初举行。视参与人数在音乐厅、报告厅等地点中选取合适的场所进行。

具体安排：

内容	负责人	完成时间	备注
发放家长调查问卷，收集家长对幼小衔接的相关问题	家长工作负责人、电教	提前三周	
制订家长学校讲座方案	家长工作负责人	提前一个月	
联系小学领导，落实讲师，与讲师联系	家长工作负责人	提前两周	
制作邀请函、家长满意度调查表，进行后期满意度统计	教研员		
向大班家长发放家长学校活动邀请函	电教、班主任	提前三天	
场地布置（横幅、桌椅、茶水）	后勤负责人安排		
活动现场音响、音乐、录像、摄像	电教		
现场签到	大班级长安排		
现场家长小组讨论协助及参与	大班班主任		准备纸、笔及其他书写工具
现场秩序维护	大班配班教师		

续表

内容	负责人	完成时间	备注
桌椅收拾，场地清洁整理，设备回收	大班全体教师、后勤		
写通讯稿，发布	教研员		
整理资料，编号留存	家长工作负责人		

附：讲座提纲

1. 幼儿园和小学的区别

（1）学习、生活环境的变化。

（2）生活内容的变化。

（3）师生关系的变化。

（4）教学方法的变化。

（5）行为规范的变化。

（6）家长和教师期望值的变化。

2. 如何做好幼小衔接工作？

（1）重视幼儿入学前的心理指导。

（2）培养幼儿入学前的良好行为。

（3）培养幼儿入学前的良好学习习惯。

（4）合理调整幼儿的作息时间，为入小学做准备。

（5）准备好入学的学习、生活用品。

3. 进入小学后的家庭教育

（1）建立平等的亲子关系，营造积极民主的家庭教育氛围。

（2）家庭教育目标统一，形成正确的家教导向。

（3）说到做到，树立自己的威信，注意自己的言行。

（4）创设学习型的家庭氛围，让幼儿拥有一个真正的学习环境。

（5）从小处着手，培养幼儿良好的学习习惯。

（6）在幼儿面前一定要维护好教师的形象。

2. 沙龙类案例

沙龙是现在流行的一种家长学校方式。和讲座相比，沙龙规模较小，不那么正式。沙龙的气氛轻松活泼，议题灵活；提倡交流与互动，通过聚焦一个具体问题展开充分的讨论。沙龙类家长学校活动根据采用的技术手段可分为线上沙龙活动（主要是基于QQ群、微信群、CCtalk等平台展开的活动）和线下沙龙活动（有现实的活动地点和人物）两种，二者的区别如表3-4所示。

表3-4 线下与线上沙龙活动的区别

	线下沙龙活动	线上沙龙活动
形式	正式，可以与多位专家或嘉宾面对面交流	在虚拟的网络空间中进行文字、语音或视频交流
参与度	群体参与度高，利于与会者积极参与讨论和分享，有现场体验	不受空间距离的影响，异地也可参与
时间	时间既定	时间灵活，不耽误上班或其他安排，可在后期登录回看活动情况
地点	现实中的一个具体的场所	有网络的地方
参与者	对某些问题感兴趣的家长	能够形成圈子，支持后期长时间的讨论
成果	以现场音频、视频资料为成果	网络上的语音和文字记录，便于后期成果的转化

线上沙龙活动，是基于虚拟的网络平台开展的家长学校沙龙活动，是家长学校中唯一一种利用网络进行的活动，其组织步骤与线下的活动（如讲座、线下沙龙活动等）基本一致，不同之处在于其对信息环境的要求。现详细说明组织线上沙龙活动的基本步骤。

（1）确定主题

采用问卷调查的方式了解家长关注的内容及喜欢的形式，以此确定沙龙活动的主题和组织方式。

（2）选定网络平台

目前在网络上使用较多的平台有微信群、QQ群、沪江CCtalk、CC视频等，它们中的部分或全部支持视频、语音、图片、PPT、文字等素材的即时分享。

选用哪种平台，应考虑以下问题。

第一，是否方便在各种环境中的参与者加入沙龙？如果平台同时拥有电脑端及手机端，则对处于不同环境中的家长来说都比较方便。

第二，沙龙需要哪些呈现方式？双向白板、多人视频、答题卡、举手上麦、幻灯片播放、课程录制、布置作业、班级群互动、上课提醒、直播人数分析等实用功能，在前文提到的各个平台上都有不同的支持度和兼容度。功能越强大、使用越方便，就越能支持主讲人在沙龙活动中的信息发布和家长参与者之间的交流。

（3）确定专家和嘉宾

（4）发布沙龙邀请函

提前1~2周发布活动邀请函，告知家长活动的内容、时间、主讲嘉宾。参与者通过网络提交参与信息。园方确定参与人数。

（5）确定主持形式

一种形式是主持人、嘉宾、专家集中在硬件配备完善的直播间一起通过网络举行线上沙龙活动；另外一种形式是各人分散于各地，共同在网络上参与该沙龙活动。为了取得更好的效果，我们一般选取前者。

（6）准备素材

主持人要提前在电脑上准备好多媒体资料，以便随时使用。

（7）提前调试设备，熟悉操作

由于主持人、专家及嘉宾的电脑水平及对该平台的熟悉程度不一，故提前邀请各方进入备用网上课室进行模拟操作是有必要的，各方可以熟悉线上沙龙活动的一些流程和功能，也可以就一些可能的突发状况进行及时的沟通和处理。

（8）答复实时问题

沙龙的第一阶段（由主持人、专家和嘉宾共同参与的部分）结束后，网上课室的讨论一般仍会延续一段时间，期间产生的一些提问和建议由网络管理员统一收集，交给相关人员处理并尽快回复参与者。

（9）活动后进行满意度调查

可通过问卷星设计满意度调查问卷，用问卷二维码收集家长的意见。

（10）总结与改进

活动结束后，各方对本次活动进行简单总结，根据家长的满意情况做出改进方案。

（11）保存资料

在活动的过程中，网络管理员要对整个活动进行录像，对活动后平台产生的文字、图片、音频等进行打包，作为资料保存，并分享给有需要的参与者。

案例一：沙龙活动方案

"在运动中建立亲密的亲子关系"沙龙活动方案

活动背景：

研究发现，父母和幼儿之间高质量的交流能有效促进幼儿的大脑发育，对幼儿的社交能力的培养和智力发育也起到了至关重要的作用。对幼儿而言，相较于与父母在一起的时间的"量"，亲子相处时所传达的爱的"质"更重要。陪伴幼儿不在时间长短，而在有没有"专心"陪伴。

本次以"在运动中建立亲密的亲子关系"为主题的沙龙活动，基于幼儿园的健康教育特色，希望能从观念到方法引领家长关注幼儿在运动中的健康成长，并且提倡家长通过高质量的陪伴与幼儿建立亲密的亲子关系。

活动目的：

1. 帮助0~6岁的幼儿家庭树立科学的育儿理念。

2. 帮助家长了解高质量的陪伴的重要性。

3. 帮助家长掌握轻松快乐的亲子运动方法。

活动过程：

1. 活动前准备。

（1）发放问卷，收集与亲子运动和亲子陪伴相关的家庭情况，提前了解家长的想法。

（2）邀请活动嘉宾。根据沙龙主题邀请的活动嘉宾是一位幼儿体能教练。教练能清楚地掌握3~6岁幼儿生长发育的身体特点、心理特点，并且有丰富的带动和组织幼儿参与活动的经验，同时，他也是一位爸爸。

（3）确定活动的时间和地点。

（4）提前与嘉宾沟通。

（5）进行活动的宣传。可以制作手机端的活动宣传通知及邀请函，通过网络进行宣传，并附加报名表；也可制作海报来宣传。

（6）制作满意度调查问卷。

（7）沙龙现场准备。

场地准备：签到桌及签到表、嘉宾的茶几和座椅、桌上的鲜花、观众的座椅。

设备准备：话筒（2~4个）、摄像机、灯光、电脑、投影仪等。

人员准备：礼仪（场地路线引导、签到等）、技术（录像、拍照、灯光、音响等）、接待（与嘉宾的接洽）、主持、后勤（所有物品的准备、活动结束后的整理和清洁）。

小贴士

第一，提前调试设备，确保网络、设备的配合没有问题。

第二，观众座椅的摆放应配合沙龙活动的开展，如摆成圆形将有利于所有人对话题的参与。

第三，沙龙活动是人数不多且气氛轻松的有主题的讨论活动，因此可以考虑设置茶点，如茶水、咖啡、糖果和小点心等。

2. 活动开展。

（1）主持人致欢迎辞，介绍本次活动的主题和嘉宾。

（2）开始讨论第一个主题词"亲子关系"。

① 肯定"关系"的重要性。

② 出示几张图片，请家长讲述对图片的理解。图片的主要内容是幼儿自己在玩，家长在旁边玩手机。

③ 提出问题。

（3）发起家长讨论或辩论。

（4）主持人进行总结。

主持人的总结要凝练并融入自己的观点，总结水平要高于家长的陈述水平。

（5）进入第二个主题词"运动"的话题。

① 主持人请嘉宾根据自己的经验谈谈缺少父母陪伴的幼儿会有什么

表现。嘉宾提到幼儿会自己看电视、玩游戏、画画、搭积木等。

②嘉宾从幼儿的生长发育需求的角度谈幼儿久坐、长时间进行安静的活动对心血管、肢体发育、动作发展、视力等方面的影响。

③引出"亲子运动"的话题。请嘉宾谈谈自己作为父亲或母亲如何带幼儿进行简单有效的亲子运动。

（6）教练介绍一些适合在家中进行的亲子体育游戏。

（7）请嘉宾和现场的家长谈谈玩游戏的感受。

①主持人应根据家长对游戏的反馈提醒家长：体育游戏重在发展身体的协调性和形成坚强的意志品质，要正确看待输赢，要在游戏的过程中密切关注幼儿的心理需求，适时增加或降低难度。

②请家长承诺，回家后会和幼儿一起运动，一起玩体育游戏。

（8）主持人总结。

①介绍"亲子关系"的相关研究和现状。

②高质量的亲子陪伴应该满足的条件。

③小结"亲子运动"的益处。

④感谢家长的参与，请大家扫码填写满意度调查表。

3. 活动后期。

（1）根据问卷中的家长满意度情况进行分析，做活动小结。

（2）召开小组会议，对活动进行总结反思，根据活动反馈做出改进方案。

（3）在公众号上发布本次活动的相关情况。

（4）活动过程中的录像、图片、音频等要作为资料保存。

案例二：线上沙龙活动方案

"祖辈陪伴的策略"线上沙龙活动方案

活动背景：

2017年，中国教育学会家庭教育专业委员会相关课题组在北京、苏州、广州、哈尔滨、成都、郑州6个城市，对3600多名小学生及家长进行了问卷调查。调查发现，近8成城市家庭中的祖辈参与了对儿童的教养。在我园的实际情况中，70%的家庭在工作日以祖辈为主对幼儿进行教养，因此，有必要开展关于这个话题的讨论，让祖辈认识到自己不仅是在"带孩子", 还是在"教育孩子"。另外, 为了减少祖辈参与活动在路途中的奔波劳累, 本次活动选择用线上沙龙的方式进行, 要求幼儿的父辈和祖辈同时在家中使用电脑或智能手机参与活动。

活动目的:

1. 让祖辈了解自己在参与幼儿教养的过程中产生了哪些实际的影响。

2. 让祖辈了解如何在实际生活中"带好孩子"。

3. 让父辈了解祖辈参与幼儿教养的辛苦。

线上活动过程:

1. 活动前准备。

(1) 选择平台, 开设账号, 建立相关房间。

选择了CCtalk实时互动教育平台, 此平台可以实现在线发题、课件展示、语音互动、白板书写、屏幕分享等多种功能。在IM(即时通信)层面, 支持建CC群、讨论组, 方便课后交流学习、随时随地讨论。

发起者须提前在平台上注册免费群, 获得群号, 将群号或群名称向参与者公布, 邀请参与者加入。例如, 本次活动就注册了名为"'祖辈陪伴的策略'沙龙"的群。

(2) 活动前的宣传工作。

做好活动宣传, 向参与者告知该活动的目的和内容。

(3) 嘉宾的邀请。

嘉宾的选择很关键, 必须满足以下几个条件。

① 在"祖辈参与教养"这个话题上有自己的故事和心得。

② 在班级、年级中有一定的影响力和知名度。

③ 能够和主持人互动。

本次活动邀请了采用"父辈为主、祖辈为辅的联合教养"模式的幼儿××的爸爸和爷爷、采用"单一的祖辈教养, 父辈基本不参与教养"模式的幼儿××的奶奶, 以及我园园长。

(4) 相关资料的准备。

① 硬件设备: 麦克风4个、电脑2台、录像机1台。

② 主持人讲稿。

③ 提前给嘉宾参考的文档。

④ 根据主持人的讲稿准备的PPT。

⑤《超级保姆》中的若干视频片段、我园拍录的一些视频片段以及一些家长的留言。

（5）活动的时间、地点的选定。

活动的时间为×月×日下午3点至5点，活动地点定在我园的会议室。

（6）制作邀请函。

制作活动邀请函，设置报名页面，收集参与者的数量、建议及家庭身份等信息。

（7）确定参与者，告知参与方式（平台、群号）和时间，并要求参与者在活动之前登录平台熟悉操作。

（8）电子调查问卷的准备。

（9）活动现场的准备。

① 提前布置活动现场，包括茶几、座椅、桌上的鲜花、话筒、摄像机、灯光等。

② 提前调试设备，确保网络、设备的配合没有问题。

③ 请嘉宾提前半小时以上到活动现场，熟悉设备，并做设备最后的使用测试。

2. 活动开展。

正式活动的过程是以主持人的话题为线索推进的，因此以下列出了主持人可能与嘉宾进行讨论的各个问题。

（1）介绍家庭教养的模式。

① 资料：根据幼儿的祖辈和父辈在教养幼儿时各自参与程度的不同，家庭教养模式一般有以下4种："单一的父辈教养，祖辈基本不参与教养""父辈为主、祖辈为辅的联合教养""祖辈为主、父辈为辅的联合教养"和"单一的祖辈教养，父辈基本不参与教养"。

② 问题：你们的家庭属于哪一种教养模式呢？（请家长在电脑上进行在线互动）

（2）请园长介绍幼儿园的家庭教养模式的现状。

园长根据前期的调查情况进行介绍，以PPT的形式呈现，线上可以切换为PPT播放模式。

（3）介绍参与活动的嘉宾。

请嘉宾和观众打招呼，并简单介绍本人家庭教养的模式及情况。

（4）讨论问题：到底谁应该对幼儿的教育负责？

① 请爸爸、妈妈、爷爷、奶奶分别阐述自己的观点。

② 请园长对嘉宾的阐述做总结，得出结论：父母应承担第一监护人的职责，但家里的父辈和祖辈都要为幼儿的健康成长承担教育责任。

（5）请祖辈分享：平时在家里是怎么"带孩子"的。

（6）请祖辈分享：在"带孩子"的过程中有什么困难或不易之处。

① 在祖辈现场阐述的过程中，观众也可以在线上陈述同一问题，现场工作人员筛选留言并尽快将资料给主持人，同时做好线上呈现的准备。

② 精选线上留言，进行现场讨论。

③ 祖辈阐述完后，请父辈来谈谈可以为祖辈"带孩子"提供什么支持。

（7）祖辈怎样做才不仅能"带孩子"，还能"教育孩子"？

① 请爸爸作为父辈的代表来谈一谈对祖辈"带孩子"的期望。

② 请园长来做总结。

（8）主持人进行总结。

总结内容包括以下几个方面。

① 沙龙的整体情况：讨论的主题、线上的参与人数、留言数量等。

② 对讨论的问题及结论的概括介绍。

③ 对嘉宾为大家贡献的值得借鉴的案例进行简单回顾。

④ 对园长所做结论和期待的简单复述。

⑤ 感谢现场的嘉宾和参与活动的线上观众，请观众扫二维码填写满意度问卷。

小贴士

第一，嘉宾在发言的时候，要注意直播摄像头的转向。

第二，在主持人提问或者嘉宾提问时，负责管理留言的工作人员应尽快把文字发送至讨论区。

3. 活动后期。

（1）根据问卷中的家长满意度情况进行分析，并做活动小结。

（2）召开小组会议，对活动进行总结反思，根据活动反馈做出改进方案。

（3）在公众号上发布本次活动的相关情况。

（4）活动过程中的录像、平台产生的文字、图片、音频等要作为资料保存。

第三节　加强亲师沟通与互动——家访、约访与日常沟通

一、家访

家访是家庭访问的简称，是进行个别家庭教育指导的一种常用的有效方式。因目的和性质不同，幼儿园的家访通常分为新生入园家访、特殊幼儿家访、突发事件家访、生病幼儿家访等形式。

《幼儿园教育指导纲要（试行）》中指出："家庭是幼儿园重要的合作伙伴。应本着尊重、平等、合作的原则，争取家长的理解、支持和主动参与，并积极支持、帮助家长提高教育能力。"家访无疑是家长工作的一个切入点，是维系教师、家长、幼儿的纽带，是家庭和幼儿园之间沟通的桥梁，是实现和谐教育必不可少的一个途径。以新生入园家访为例，家访对家长和教师都有积极的意义，如表3-5所示。

表3-5　新生入园家访的意义

对于家长的意义	对于教师的意义
1. 了解幼儿园的教育理念	1. 了解家长的教育理念
2. 了解幼儿在园的生活和学习情况	2. 了解家长对幼儿园工作的了解情况
3. 了解教师的专业能力和素养	3. 了解家庭对幼儿的教育期望
4. 就家庭教育中存在的困惑进行咨询	4. 了解家庭对幼儿的养育方式
5. 和教师建立积极的关系	5. 更全面地了解幼儿的性格、喜好等信息
	6. 和家长建立积极的关系

（一）家访工作的流程

总体来看，家访工作的流程如图3-4所示。

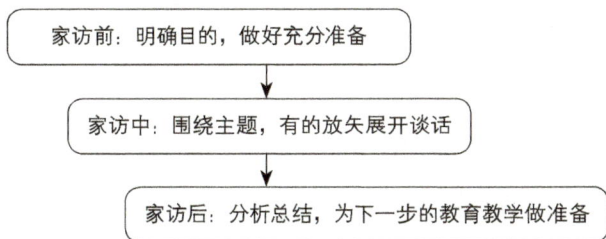

家访前：明确目的，做好充分准备

↓

家访中：围绕主题，有的放矢展开谈话

↓

家访后：分析总结，为下一步的教育教学做准备

图3-4　家访工作流程

（二）家访工作中各环节的注意事项

现以新生入园家访为例来说明家访工作中各环节的注意事项。

1．家访前的准备工作

（1）资料准备

第一，记录表。

第二，问卷调查表。

第三，幼儿相关情况的信息汇总（如开学前家访，可从家长前期提交的资料中查找所需信息并进行汇总；开学后家访，则可结合家长前期提交的资料及幼儿在园情况进行信息汇总）。

第四，其他：拍照设备、笔记本、笔等。

（2）家访顺序规划

可根据片区划分，同一个小区或附近的放在一个时间段内，以便节省路上耗费的时间。

（3）电话预约

可参照以下程序：自我介绍；说清楚家访的目的；预约家访的时间；建议父母在家；确认家庭住址；说清有几位教师进行家访。

举例：您好，我是××幼儿园小×班的××老师。请问是××的爸爸（或妈妈）吗？小朋友已经入园两周了，从开始的哭闹到现在已经喜欢上幼儿园了。为了拉近和小朋友的关系，更加深入地了解宝贝，也希望能有更多机会和家长进行沟通，我们将进行家访工作。不知道×日星期×的×点，您和妈妈（或爸爸）是否在家呢？您家住址是××××对吗？好的，到时我们班上的×位老师会准时到达，感谢您对我们工作的支持，我们×日见。

如果不方便：好的，那您哪天方便呢？

（4）分工

班级教师明确分工：谁主谈，谁主记录，谁计时，谁主要和幼儿互动等。

2．家访中的注意事项

（1）谈话

① 原则

谈话原则是三忌三宜。一忌教师一言堂，二忌谈话不切主题，三忌教师前后讲述矛盾；一宜谈话氛围轻松，二宜教师多听家长讲述，三宜谈话围绕主题，有的放矢。

②流程

A. 开场：向家长介绍家访目的。

举例：开学已经有一段时间了，这次我们家访是和家长反馈一下孩子在园的情况，并且了解一下孩子在家的情况和家长的需求。

B. 介绍幼儿入园后的情况：幼儿在园情况可以从幼儿的情绪、饮食习惯、生活习惯、行为习惯、学习能力入手，多说幼儿的进步，让家长感受到教师对幼儿的关注和细致的照顾。以表扬鼓励为主，多说进步，少说缺点，最后对幼儿做一个简单的总结。

C. 提出1~2点需要家长配合的内容，并给出具体的建议。

D. 针对家访记录表进行提问，提问内容包括幼儿入园前的家庭教养人员和方式、幼儿是否有过敏现象或疾病等。

E. 了解幼儿在家的情况。

F. 针对家长提出的在家里遇到的教育疑惑给出解决方案。

G. 了解家长的工作及可利用的资源。

（2）着装

① 衣服

宜穿园服、礼服或其他较正式的套裙；避免穿领口过低、露出肩膀一类的衣服；避免穿过短的裙子。

② 鞋子

宜穿深色或与服装颜色配套的鞋子；避免穿厚底鞋或鞋跟过高的鞋子；避免穿系带的鞋子。

（3）礼仪

① 入门礼仪

A. 询问是否需要换拖鞋。

B. 主动向家中人逐一问好。如家里有年纪较大的老人，应礼貌地微微鞠躬问好。

C. 班主任主动向家长介绍随访的其他教师。

D. 主动和幼儿打招呼，蹲下来叫幼儿的小名。

E. 随手关门。

② 入座礼仪

A. 当家长邀请入座时，可邀家长一同入座。如有老人，邀请老人先坐。

B. 入座时要减慢速度，放松动作。如穿裙子，要尽量靠前坐，双腿并拢或侧放。身体面向主人，手可以放在腿上，也可以记录。

③ 离开礼仪

家访时间宜控制在30分钟左右。家访完毕后，要和家长、幼儿礼貌地道别，微笑着告别出门。

举例：可以对家长说："时间不早了，我们先聊到这里吧！谢谢您的配合，耽误你们的时间了。以后有什么事情，我们随时保持联系。"

（4）其他

第一，如家长邀请参观，可以赞美家里装修很有特点、干净整洁，小区环境不错等。

第二，和幼儿及家长拍照留念。

3. 家访后的整理工作

家访结束后，教师应及时围绕以下几个方面整理信息。

第一，幼儿的家庭文化背景，包括父母的学历、职业、修养、风俗习惯等。

第二，幼儿的家庭教养情况，包括家庭教养方式、家庭教育观念的一致性等。

第三，家长认可的教育、保育理念。

第四，对幼儿现阶段各方面的发展情况形成一个整体认识。

（三）家访案例

案例一：小班新生入园前家访

小班新生入园前家访

活动背景：

每年9月，都会有一批幼儿开启他们新的成长历程——进入幼儿园生活，这对于幼儿和他们的整个家庭来说都是一个重大的转折点，也是一个全新的挑战。为了减轻幼儿的入园焦虑，入园前的家访工作至关重要，这是教师与幼儿、家长的第一次见面，是幼儿接触幼儿园生活的第一步，也是教师拉近与幼儿、家长的心理距离的一个重要环节。

活动目的：

1. 了解幼儿的基本情况，能在与幼儿的第一次接触中获得好感，帮助幼儿建立最初的依恋。

2. 熟悉家长，获得家长最初的信任。

活动内容：

1. 家访幼儿的基本情况。由于家访的时间有限，为了能更多地和幼儿、家长互动，教师设计幼儿基本情况调查表，内容涵盖幼儿的生活情况和健康情况、家长的教养方式、特殊备注等。通过让家长填写表格，教师可以对幼儿的基本情况有大致的了解。（见附件一）

2. 了解家庭的教养方式，如幼儿平时由谁带，教育幼儿时都用哪些方式，有没有进行早教，平时有没有亲子阅读时间等，将这些做好记录，做到心中有数，为以后和家长更加顺畅的交流打下基础。（见附件二）

3. 指导家长做好入园前的准备工作，将入园所需要的物品清单和要做的心理准备，以纸质的形式发给家长，让家长做到心中有数。（见附件三、附件四）

活动准备：

1. 由班级教师提前跟新生家长联系，确定具体的家访时间，规划家访路线。

2. 物质准备：文本资料（家访记录表、幼儿基本情况调查表、幼儿花名册、入园贴士），教师园服，小礼物。

3. 心理准备：保持良好的心态。

活动流程：

1. 根据住址设计家访路线，到访前提前打电话提醒。到门口先敲门，进门后先换鞋，跟家长和幼儿有礼貌地打招呼，然后落座。

2. 班主任介绍班级的基本情况和其他几位教师，并与家长亲切交谈，一位配班教师与幼儿交流、游戏，另一位配班教师进行家访记录，保育教师发放幼儿基本情况调查表等文本资料。

3. 几位教师分别与幼儿和家长相互熟悉，然后教师给幼儿送上体现班级特色的小礼物。

4. 结束家访，与幼儿和家长礼貌告别。

活动反思与延伸（以班务会的形式进行）：

1. 对家访的整个过程进行反思，为开学第一天做准备。

2. 根据幼儿不同的个性特征，反思如何帮助幼儿减轻分离焦虑。

3. 环境布置，让每个幼儿都能在新的环境中找到自己熟悉的全家福照片，增强归属感。

4. 反思如何与家长沟通，并取得家长的支持与信任。

5. 通过家访，将身体需要特殊照顾的幼儿（如有高热惊厥、习惯性脱臼、过敏等现象的幼儿）进行分类，并打印出来贴在教室的显眼位置，时刻相互提醒。

6. 根据家长的不同的特长，争取家长的支持与配合，为以后的家园合作提供便利。

附件一：

深圳市××幼儿园幼儿基本情况调查表

幼儿姓名		所在班级	
幼儿健康情况： 以往病史（如有，请具体描述）： 是否存在过敏食物：			
幼儿饮食喜好： 性格特点： 自理能力：能否独立进餐\如厕\上下楼梯\洗手\收拾玩具 具体描述：			
备注：			

家长签名：

附件二：

深圳市××幼儿园家访记录表

幼儿姓名		所在班级	
家访教师		家访时间	
家庭成员：爸爸/妈妈/外公/外婆/爷爷/奶奶/保姆 还有其他人：_____，主要由_____平时照料			
是否参加过早教：_____　早教内容：_____			
父母每日陪伴的时间大约为：妈妈____小时，爸爸____小时 陪伴方式：阅读、运动、外出或其他_____			
幼儿在家日常表现：（家长讲述）			
家长需要与教师共同解决的问题及对策：			
备注：			

家长签名：

附件三：

致小班新生家长的一封信

亲爱的家长朋友：

　　您好！

　　欢迎您和您的宝宝加入深圳市××幼儿园温馨大家庭！请您相信幼儿园一切会从"心"开始，给孩子提供一个舒适、温馨的生活学习环境，教师们会用全部的爱心、细心、耐心，关注和帮助每一个宝宝在园的成长，让他们健康、快乐地度过每一天！

　　俗话说，万事开头难。对于第一次离开家人进入幼儿园大门的孩子来说，入园适应确非易事。家长同样也要有一个适应的过程。家园如何携手相互配合让孩子尽快适应幼儿园生活呢？

首先，您需要了解一下幼儿园一日生活作息的时间安排。

上午	7：40—8：20	入园、晨检、进班自选活动
	8：20—8：50	早餐、餐后自选活动、晨谈
	9：00—10：10	室内学习活动（团体、小组、区域活动）
	10：10—11：10	户外活动
	11：10—12：30	餐前准备、午餐、餐后活动、散步
下午	12：30—14：30	午睡
	14：30—15：20	起床后户外活动
	15：20—16：00	午点、离园准备
	16：00开始	幼儿离园

其次，您需要看看幼儿园在帮助孩子应对分离焦虑方面主要做哪些工作。

应对策略	主要做法
选择分班	家长可以申请选择经常在一起玩的小朋友、邻居分在一个班级，有助于增强孩子的安全感
开学前组织开放日亲子活动	让孩子提前来幼儿园参观、熟悉班级、认识小朋友，增加孩子对环境的认知
渐进式入园	开学的前两周分组入园，人少，便于教师观察和照顾；开学的第一个月进行半日过渡，当孩子对环境、教师、同伴熟悉后再逐步过渡到全日。每天教师会通过电话跟每位家长沟通孩子当天的情况，指导家长下一步的工作
家访	开学后第二周开始，班级教师走进幼儿家中，熟悉孩子的生活环境，拉近与孩子之间的距离，与家长面对面交流孩子的在园情况。建议家长、教师、孩子拍一张合影放在家中显眼的位置

最后，给您几个应对幼儿分离焦虑的策略和小贴士，您不妨试一试。

应对策略	小贴士
启发幼儿上幼儿园的愿望	散步时可以经常带孩子到幼儿园外看小朋友做操和户外活动，告诉孩子幼儿园里有很多玩具、很多小朋友，可好玩儿了
培养孩子的生活自理能力	为孩子准备易于穿脱的衣服、鞋，并让他学会自己穿脱；让孩子学会自己吃饭、上洗手间学会用蹲厕等

续表

应对策略	小贴士
及早调节孩子的生活节奏	根据幼儿园的一日作息时间来进行调节
温柔地坚持送孩子去幼儿园	如果孩子的身体没有太大问题，最好坚持按时送来幼儿园。尽管孩子还会有些哭闹，但家长还是要温柔地坚持原则。坚持一项行动，关键在头3天，如果能坚持21天，就形成习惯了
调整、处理好家长自己的情绪。言出必行，不欺骗孩子	离开的时候要诚实地告诉孩子："妈妈（爸爸）必须离开，因为妈妈（爸爸）要去上班，但是我保证，下午你起床后一定来接你。"说到要做到。要大大方方地与孩子道别，不要做出恋恋不舍地样子，甚至跟孩子一起掉眼泪，这种情绪会影响孩子
家庭的意见和态度要保持一致	意见不一致时不要在孩子面前争论，这样只会让孩子"有机可乘"，反而会加深家庭的矛盾
信任、理解教师，与教师建立良好的合作关系	可以跟教师当面交流孩子的情况，也可以通过电话、短信、微信等方式交流。在孩子面前多树立教师的正面形象。例如，老师对你真好……老师很喜欢你，你不去老师会想你的……老师今天表扬你了……妈妈和老师是好朋友，妈妈不在，老师会帮助你的，等等
跟孩子一起读故事	有一些关于分离焦虑的绘本故事可以跟孩子一起阅读，利用故事来引导孩子是个很不错的方法，这类故事有《阿文的小毯子》《一口袋的吻》《小阿力的大学校》《魔法亲亲》《妈妈心 妈妈树》《我好担心》《我的名字叫克里桑斯美美菊花》《小魔怪要上学》等

"为孩子种下一生幸福的种子"——从入园的第一步做起。让我们家园携手，共同帮助孩子在人生道路上迈出坚定的、幸福的重要一步。

深圳市××幼儿园

×年8月

附件四：

新生入园所需物品清单

1．幼儿园园服、被褥、书包、姓名贴。（幼儿园统一一次性购买）

2．书包内需自备2~3套（也可根据幼儿的情况增加）换洗衣服。

3．准备8张1寸白底幼儿大头照，标记幼儿物品。（背面用铅笔标注幼儿姓名）

4．1张家庭照及1~2样喜欢的玩具、书籍，有助于幼儿在产生分离焦虑时情绪有所依托。

5．方便穿脱的鞋子，便于幼儿活动。

深圳市××幼儿园

×年8月

案例二：特殊幼儿家访

妮妮不想来园的秘密

家访背景：

小班幼儿入园已经两周了，大部分幼儿已逐步适应了幼儿园生活，可是妮妮却开始在家中表现出极强的入园抵触情绪，这让家人非常苦恼、担忧。而在班级中，妮妮却没有表现出不愿意上幼儿园的倾向，各方面的表现都很突出。基于这些情况，班级教师准备进行一次家访，就妮妮的整体情况及出现的问题和家长进行沟通。

家访目的： 了解妮妮的家庭情况及入园前的家庭教育、保育情况，找寻妮妮情绪变化的原因。

家访过程：

1．适当的礼仪、亲切的氛围，是一次好的家访的开始。

班级4位教师准时到达了妮妮家楼下，并致电告知已到达，再次给家长、幼儿以心理准备。在和前来迎接的妮妮的家人打过招呼后，蹲下来主动和妮妮拥抱，双方都营造出一种热情、融洽的欢乐气氛。

教师脱好鞋走进客厅，家长主动让妮妮带教师参观房间，教师针对家里的摆设或小区的配套设施进行夸赞。在聊天过程中，教师极力鼓励夸赞妮妮，让她保持愉快的情绪。教师把对妮妮的欣赏、喜爱传递给家长，以得到家长的情感共鸣。

2．适宜的分工、真诚的信息交换，在交流中发现问题症结。

入座后班主任高老师引出话题，希望就妮妮入园两周的情况做一个相互的交流。张老师拿出家访表开始记录，李老师牵着妮妮的手走到一边，开始和妮妮玩玩具。

高老师反映妮妮在幼儿园里的一些表现，如生活自理能力、表达能力突出，能在集体活动中积极回答问题，且常有精彩的语句，常常成为老师的小帮手、伙伴的小老师。

奶奶提出了最困扰她的问题："每天上幼儿园都哭闹，不肯上幼儿园。"高老师向奶奶说明新入园的幼儿哭闹是一种正常现象，多是好奇过后产生的分离焦虑，然后进一步抛出问题："您有没有问过她为什么不想上幼儿园？"

妈妈说："问过，开始她说幼儿园不好玩，后来我发现她每天放学回到家的第一件事就是大便。我问她为什么不在幼儿园大便，她说怕别人看，因为幼儿园的厕所没有门。"问题找到了，原来是妮妮不习惯当着别人的面大便。

3. 适量的建议、进一步的了解，让家园双方建立信任和合作。

高老师分析并给出了一些建议："这可能是因为孩子和老师的情感还没有完全建立，把老师和小朋友当外人。我们可以培养妮妮定时在家大便的习惯，也可以在幼儿园和妮妮建立感情，多观察她，如发现她有大便的需要就及时陪伴或让她单独去大便。"

高老师进一步和家长进行了沟通，了解了妮妮入园前的家庭教养情况，发现妮妮有阅读的习惯。大家就亲子阅读的一些观点、方法进行了交流。在谈到对幼儿成长的愿望和对幼儿园工作的期望时，双方发现彼此的理念非常一致，都希望通过教育，让幼儿学会相互理解、乐于分享、懂得尊重和感恩，能看到身边美好的事物，成为一个充满幸福感的人。

愉快的交流结束了，妮妮不舍地和教师道别。家长也通过与教师真诚的沟通，建立了对教师的信任，认可了教师的专业态度和专业能力，这为今后的家园合作打下了良好的基础。

案例三：特殊幼儿家访

"墨墨行为习惯"问题家访

活动背景：墨墨是一个个性鲜明的孩子，他机灵、幽默，善于表达。但最近，墨墨表现出了一系列不受欢迎的行为，引起了教师的关注：他会趁大家不注意突然把一整卷纸巾扔进厕所里；故意把其他幼儿的鞋藏起来；玩游戏的时候常常因为捣乱和破坏游戏而被同伴投诉；对教师的指令似乎充耳不闻；被批评时，总是试图找理由推卸责任；上课也不如以前专注了。

活动目的：共同分析幼儿行为背后的原因，家园配合制订教育策略，一起来改善幼儿的行为问题。

活动形式：家访。

活动时间：×年×月×日18：00。

活动地点：墨墨家。

活动主持：梁老师。

适应年龄：4~5岁。

活动准备：约访前，3位教师对墨墨的问题进行了细致的分析，并制订了墨墨的个别教育计划。

谈话主要内容：

1. 分享墨墨的优点。

（1）人际交往能力强，擅长与各种人交往。

（2）语言表达能力强，情感丰富、细腻。

（3）思维活跃，有创新意识。

（4）有主见，遇事能独立思考。

（5）有幽默感，能在生活中寻找快乐并给别人带来快乐。

2. 墨墨最近的问题及可能的原因。

（1）上课时专注力弱，无法静下心来倾听。自选活动时也时常处于游离状态，回避有困难和有挑战的活动，频繁更换操作材料。

可能的原因：①对学习内容不感兴趣或感到困难。②学习过程常常被打断。③玩具和电视的影响。

墨墨的爸爸妈妈："在老师谈到的三个原因中，我想第一个原因的可能性更大一些。在家里，如果他拒绝学习某一种东西，我们一般不会勉强他，这可能会让他变得比较自我，只愿意做自己喜欢的事。还有可能是有些东西他听不懂，就没有信心。"

教师："我们要尊重孩子的兴趣，但并不是要完全放任不引导。很多事物是因为孩子没有深入了解，所以才不感兴趣。另外很重要的一点是，孩子应该明白，生活中有很多有意义的事情不一定符合我们的兴趣，但我们仍应该积极认真地完成它，这其实是一种对生活负责任的态度。当遇到他不喜欢的事情时，我们要积极地去引导他接受，或者创造机会让他能深入了解，从而改变态度。"

（2）喜欢恶作剧，故意调皮。

可能的原因：墨墨在家做恶作剧时，大人没有明确的表态和恰当的引导，以致孩子没有建立正确的是非观。

墨墨爸爸："老师分析得对，墨墨在家里很多时候都是由奶奶带，奶奶性格特别开朗，喜欢开玩笑。但孩子太小，不能分辨场合，误以为所有的玩笑都是受欢迎的。有时他在家里也会搞恶作剧，但因为没有什么严重后果，所以大人也就没有制止，有时还哈哈大笑，可能是我们的态度助长了墨墨的恶作剧行为。"

教师："孩子的吸收性心智决定了他们对周围的事物不加辨别，无论好坏都照单全收。生活中的每一件小事、我们的每一个行为都会对孩子产生影响，影响的好坏，取决于我们教育意识的强弱。当遇到墨墨开玩笑时，如果玩笑开得不恰当，就需要及时指正出来；如果他是做恶作剧的话，大人一定要表明态度，明确他的这种行为不受欢迎，并恰当地引导，以防他产生消极情绪。"

（3）犯错后不能从自己的身上反省，喜欢找各种理由解释，推卸责任。

原因：避重就轻地解释，常常可以博得大人的同情，逃避惩罚。

墨墨爸爸："这可能是受妈妈的影响，以前墨墨犯了错，妈妈总担心他有心理负担，就帮他找了很多台阶下。"

教师："当孩子做错了事情，大人应该让他积极想办法，用实际行动弥补，这才是我们应该教给孩子的对自己的行为负责任的人生态度。"

活动反馈：

爸爸妈妈几天后给教师反馈："我们全家又召开了一次家庭会议，这次墨墨也参加了。根据老师的建议，我们一起制定了详细的《家庭公约》，并打印出来贴在了墙上，要求孩子做到的事，我们大人首先要做到。我们意识到大人要一致要求，言出必行，才能在孩子心目中树立权威。通过这几天的要求和坚持，墨墨已经有了可喜的改变。

1. 自己吃饭，虽然慢了点，但是基本做到了。

2. 自己洗澡，这在以前是不能想象的。

3. 自己睡觉，并且能在晚上9：30—10：00入睡，这在以前也是不能想象的。"

二、约访

约访，是教育工作者的重要工作手段。约访是教师与家长面对面交谈，互相反馈幼儿近期学习和生活各方面的情况，针对幼儿各方面存在的问题与家长共同商讨解决方法，拉近家长与教师之间的距离，实现家庭教育与幼儿园教育的和谐统一。

约访工作的意义：积极搭建家园联系的桥梁，能使家园合作真正落到实处，收到实效。约访是教育教学的重要组成部分，是加强家园合作、形成教育合力的重要途径。约访的具体意义如表3-6所示。

表3-6　约访的意义

对于家长的意义	对于教师的意义
1. 能及时了解幼儿在园的生活和学习情况	1. 了解家长的教育理念
2. 了解幼儿园的教育理念、教育教学计划等	2. 可以耐心倾听家长对教师工作的反馈和建议，取得家长对幼儿园和教师的理解和支持，积极主动地配合幼儿园、教师做好教育工作
3. 就家庭教育存在的问题进行咨询	3. 了解家庭对幼儿的教育方式能更全面地了解幼儿的性格等
4. 和教师建立积极的关系	4. 和家长建立积极的关系

（一）约访工作的流程

总体来看，约访工作的流程如图3-5所示。

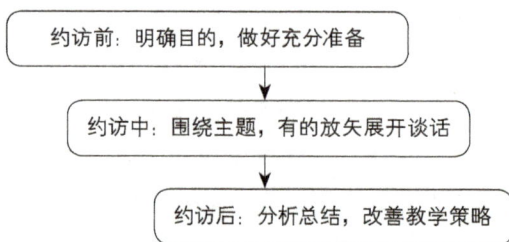

约访前：明确目的，做好充分准备

↓

约访中：围绕主题，有的放矢展开谈话

↓

约访后：分析总结，改善教学策略

图3-5　约访工作流程

1. 约访前的准备工作

（1）资料准备

准备观察记录表、幼儿成长档案、家长约访登记表，针对不同类型的幼儿设立的访谈主题和谈话提纲及其他（如拍照设备、笔记本和笔等）。

（2）活动形式

活动形式有当面访谈和电话访谈。

（3）电话预约

可参照以下程序：自我介绍；告知约访目的；建议父母一起到场；预约约访时间；确认约访地点。

举例：您好！我是××幼儿园大×班的××老师。请问您是××爸爸（或妈妈）吗？时间过得飞快，孩子已经上到大班第二学期了，下学期就要上小学了，为了让孩子顺利过渡到小学生活，更快地适应小学生活，解决好幼小衔接的问题，我们希望能有更多的机会和家长进行沟通，进行约访工作。不知道×日的×点，您和妈妈（或爸爸）是否能到校？好的，感谢您对我们的支持，我们×日见。

如果不方便：好的，那您哪天方便呢？

2. 约访中的注意事项

（1）流程

首先，介绍约访的原因或背景。

举例：欢迎家长的到来！感谢家长在百忙之中抽空参加约访活动，为了孩子，也为了给我们一次了解、沟通的机会。小朋友马上就要进入小学了，这次约访是向家长反馈孩子的在园情况，并针对幼小衔接问题进一步访谈。

其次，反映幼儿在园的表现，包括行为习惯、生活习惯和卫生习惯。多说幼儿的进步和变化，以表扬鼓励为主，多说进步，少说缺点，最后对幼儿做一个简单的总结。

再次，针对幼小衔接问题，介绍班级开展的一系列活动，提出1~2点需要家长配合的内容，并提出具体的建议。

最后，教师与家长面对面交谈，详细询问幼儿在家生活各方面的情况，针对各方面存在的问题与家长共同商讨解决办法。针对幼儿的不足，商量适合幼儿的教育方法，达到家园共育。

（2）仪容仪表

仪容仪表要自然和谐、秀外慧中。

头发——前不挡眼后不披肩，过肩长发应束起或盘起，发型不夸张，不理过短的头发，不染夸张彩发（如红、蓝、金黄等）。

手部——勤洗手，勤剪指甲，不留长指甲，不涂色彩鲜艳的指甲油。

面部——牙齿洁白，口腔无异味；保持眼部整洁，不戴有色眼镜。

妆容——化妆淡雅自然大方，与肤色相配，杜绝浓妆，不使用气味过浓的化妆品。

着装——柔和大方、便于活动。不穿吊带背心、超短裙等过于暴露或透明的服饰。

鞋子——不能穿拖鞋，不能赤脚，可穿平底鞋。

佩饰——不佩戴太夸张复杂的胸饰、耳环和耳钉等。

（3）行为举止

行为举止要自然规范、亲切优雅。

脸部——真诚微笑，神态自然，给人亲切、和蔼、可信之感，不故意掩盖笑容，忌面色阴沉、横眉立目。

眼神——亲切有神，头部转动幅度适宜，不可长时间凝视家长。

坐姿——入座、起座左入左出，动作轻缓，面对家长坐姿端正，双腿并拢，上身正直，双手自然摆放。

手势——准确适度、自然大方，忌拘谨僵硬、当众搔头、抓痒，双手不交叉抱臂或放在身后。

（4）温馨提示

第一，教师和家长进行沟通时要真诚，内容要具体，避免抽象、空洞，要使家长产生信任。不同类型的家长要采取不同的沟通方式。教师在约访中要改变自己盛气凌人的师者态度，培养平等对话意识，多倾听，多商量，把道理化作提醒，把方法化作建议。

第二，与幼儿的父母交谈时，教师首先要认真倾听，然后提出一些建设性的意见。在反馈幼儿的情况时要具体，不抽象、笼统，如把"今天孩子表现得很好"换成"今天孩子能主动地和小朋友一起收拾玩具，也能在集体面前分享自己的周末趣事"。

3. 约访后的处理工作

约访工作结束后，教师应及时围绕以下两个方面整理信息。

第一，幼儿的家庭成员，父母的职业、文化程度等。

第二，对幼儿的教养态度，包括教养方式、教育观念等。

对幼儿各方面的发展情况形成一个整体的认识，为下一步的教育教学工作做好准备。

（二）约访案例

新生家长约访

活动目的：通过新生约访，了解幼儿的基本情况，了解幼儿不同的行为习惯和兴趣爱好，了解家庭的基本情况和家长的教育观念，针对存在的问题给家长提出解决办法，协调家庭与幼儿园的教育步调。

活动形式：约访。

活动时间：×年×月×日16：30。

活动地点：教师办公室。

活动主持：徐老师。

活动过程：

1. 通过沟通交流了解丁丁的基本情况，了解丁丁的爱好、午睡习惯、饮食习惯等。

2. 针对幼儿的问题，给予正确指导。

经过沟通了解到，丁丁存在挑食问题。针对这一问题，徐老师与丁丁妈妈展开了关于纠正丁丁偏食、挑食的方法和策略的讨论。

徐老师："在膳食营养方面，请您平时注意关注园里的食谱，也可以参照园里的食谱，回家为幼儿制订更完善、更健康的科学饮食方案，让孩子可以在家里吃到营养又可口的饭菜。在方式方法上，有以下建议可供参考。

（1）家长要以身作则，公正评价食物。

（2）让幼儿观看或参与食物的制作过程。

（3）善用游戏及小故事。

（4）提供幼儿专用的餐具与座椅。

（5）别给幼儿太多太杂的食物。

（6）精心改进烹调食物的方法。

（7）警惕零食对幼儿的影响。"

温馨提示：

通过与每个家庭成员的交谈，教师能感受到家长的文化背景与教养方式，可以了解幼儿的成长环境、家庭背景。同时，教师还可以通过交谈了解幼儿的个性情况及个体差异，这对教师日后的教育教学工作有很大的帮助。约访中教师与家长真诚交谈，相互信任，会更利于今后家园形成教育合力，更好地帮助幼儿健康快乐地成长。

案例二：特殊幼儿家长约访

就德德在园"交往及语言表达方面"的问题进行约访沟通

活动背景：德德在园不愿意开口说话，也不和其他幼儿互动，甚至对教师的爱的抚摸和拥抱表示抗拒。

活动目的：通过约访与家长共同找到德德不爱说话交流的原因，帮助德德融入集体生活，学会与他人交往的方法和策略。

活动形式：约访。

活动时间：×年×月×日。

活动地点：教室。

约访教师：周老师、吴老师。

幼儿年龄：3岁半。

活动准备：提前和德德的家长联系，确定约访时间。

约访过程：

1. 介绍德德在园和教师、同伴交往的情况。

周老师："德德很可爱，爱笑。但是他不主动与别人交往，别人和他说话，他都不回应，而且抗拒别人触碰他。有时老师抚摸他一下，他都会很不开心地用力搓被碰到的地方。这段时间我们一直都在关注德德的学习生活，我们发现，虽然德德不主动和别人交往，但是他还是很喜欢幼儿园的，在一日生活的各个环节中，他都适应得很好，只是不喜欢与人交往。"

2. 就德德的问题展开讨论，找方法。

周老师："我们可以从师幼关系着手，如晨间的问好、离园时的道别。希望家长提醒德德跟老师问好和说再见。"

德德爸爸："嗯，一定教德德主动跟老师打招呼。"

周老师："希望您跟德德讲，有时老师摸摸他的头，是因为老师喜欢他；小朋友拉他的小手，是因为想跟他做朋友，并没有恶意。"

德德爸爸："嗯，会的会的。"

周老师："德德在家在园的情况希望我们及时沟通，你们平时多带孩子出去和别的孩子玩。不用着急，相信德德的问题会逐步改善！"

温馨提示：

小班幼儿刚从家庭进入幼儿园，在与人交往时往往容易出现这样那样的问题。面对这种情况，首先，教师要和家长沟通，真诚而又专业地告诉家长自己观察到的现象和解决方法，为共同解决问题打好基础，切忌给幼儿贴标签、下定义，这样会适得其反，让家长产生抵触情绪；其次，教师要给予方法上的专业支持，让家长感受到教师是帮手、是有共同目标的伙伴；最后，教师要和家长共同承担起解决问题的责任，让家长感受到自己和教师是教育共同体。

案例三：特殊幼儿家长约访

约访沟通龙龙在园"攻击性行为"的问题

活动背景：最近总是有幼儿来告状，说龙龙打人、抢东西、破坏同伴的作品。教师通过观察发现，龙龙的确存在交往方面的问题。为了全面了解龙龙的成长环境，以便改善这种行为，班级教师决定约龙龙的家长来园沟通。

活动目的：将幼儿在园经常出现的交往问题反馈给家长，了解幼儿的成长环境和在家里的交往状况，针对发现的问题与家长达成共识，一起帮助龙龙学习并养成好的行为习惯。

活动形式：约访。

活动时间：×年×月×日17：30。

活动地点：教师办公室。

活动主持：庞老师。

适应年龄：小班3~4岁。

活动准备：龙龙在园交往的视频。

活动流程：

1. 介绍本次约访的目的。

庞老师："龙龙妈妈，今天约访主要是针对龙龙在园的攻击性行为这个情况，我们一起来做些探讨。"

龙龙妈妈："谢谢，这个情况我知道，不知道他在幼儿园里为什么会这样，我好焦虑。"

2. 介绍龙龙在园和其他幼儿的交往情况。

庞老师："我录了几段视频，您先看一下。"（视频内容是当其他幼儿碰到龙龙时，龙龙就会大喊大叫、推人；龙龙不经商量直接抢别人的材料）

3. 展开关于"龙龙的攻击性行为"的讨论。

庞老师："遇到龙龙打人或故意破坏规则时，你们是怎么处理的呢？"

龙龙妈妈："讲道理啊，但气急了我会打他，他爸爸很严格，他做错了事就会打他，都不溺爱啊。"

庞老师："动手打孩子，孩子也会把这样的处理方式变成自己的相处模式。"

龙龙妈妈："能有些具体的建议吗？"

庞老师："找一些关于交往的绘本，和龙龙讨论书中的方法，让爸爸妈妈、爷爷奶奶在家里一起玩角色扮演，再现集体活动中的各种场景，学习如何解决问题。 求助老师或家长、和同伴协商等也是小班阶段幼儿比较常用的解决问题的方法。"

龙龙妈妈："刚才看到他抱着老师亲，我们很感动，一定是老师待他很亲，孩子才会这样。我们相信老师，一定会尝试老师的方法。"

庞老师："嗯，互相信任是基础，但孩子的改变不是一朝一夕的，耐心是给孩子的最好的爱！"

温馨提示：

小班幼儿刚从家庭进入幼儿园，受家庭教育的影响，会形成各种各样的行为习惯，有的行为习惯具有攻击性，给集体中的其他幼儿造成了很多困扰。因此，有的家长会给幼儿贴标签，这对幼儿的成长有不好的影响。面对这种情况，首先，教师要和家长沟通并对幼儿的教育达成共识；其次，解决问题的关键是给予家长教育方法上的支持；最后，教师要和家长共同承担解决问题的责任。

三、日常沟通

日常沟通是指幼儿园与家长之间的、日常进行信息沟通的常用的有效方式，通常被称作"家园联系"，是幼儿园的一项重要工作。因沟通途径不同，日常沟通通常可以分为面谈、书面交流（便签、书信、家园互动册）、电话交流及网络平台交流等；因沟通时机不同，日常沟通又可以分为定期性沟通与随机性沟通。定期性的日常沟通包括学期初沟通个性化的教育计划、学期中每月一次家园联系、学期末沟通发展评价等；随机性的日常沟通渗透在每一天的工作与生活中，内容也涵盖幼儿学习、生活、发展的点点滴滴。

日常沟通工作的意义：家长是幼儿园教师的重要合作伙伴，教师只有加强与家长的沟通与交流，尊重家长，多倾听、巧引导，唤醒家长的主体意识，争取家长的理解和支持，鼓励家长主动参与，才能真正实现家园教育的同步，携手共同完成教育幼儿的任务。

以接送面谈交流为例，它对于家长和教师的意义如表3-7所示。

表3-7 接送面谈交流的意义

对于家长的意义	对于教师的意义
1. 了解幼儿在园的生活和学习情况	1. 了解幼儿在家里的行为表现
2. 了解教师的教育行为	2. 了解幼儿所处的家庭环境
3. 了解教师的专业能力和素养	3. 了解家庭对幼儿的养育理念和方式
4. 反思家庭教育的内容和方法	4. 了解家长对幼儿园工作的了解情况
5. 和教师建立积极的合作关系	5. 密切与家长之间的交流
6. 发挥教育资源的作用，支持幼儿园的教育活动	6. 和家长建立积极合作的关系
	7. 给予家长家庭教育的指导和帮助

（一）日常沟通工作的流程

为保证良好的家园沟通，幼儿园需建立多样的日常沟通机制。总的来说，日常沟通重在"日常"，其特点是快捷、及时、方便，以保障沟通的顺畅。日常沟通的流程如图3-6所示。

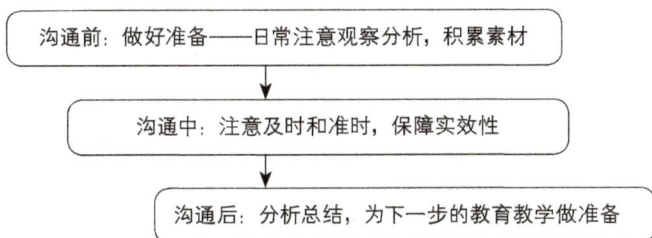

图3-6 日常沟通工作的流程

（二）日常沟通工作的组织方法

1. 日常接送面谈沟通

（1）实施途径——幼儿早上入园短时交流

第一，教师和幼儿、家长打招呼，简单问候。

第二，简单询问幼儿的在家表现、情绪等。

第三，晨检：触摸幼儿的前额和腮腺，观察幼儿的身体有无异常（划伤、虫咬、过敏、淤血等）。

第四，与幼儿个别交流，问清幼儿的服药时间、剂量。

举例：××（一般叫幼儿的小名）早上好（热情）！老师都想你了，今天你来得这么早，是想我了吗？让老师抱一下（接过来家长手上的东西，教师蹲下，拥抱幼儿），快跟妈妈（或爸爸、爷爷、奶奶等）再见。今天你怎么这么漂亮（帅），让老师好好看看，（看手，让幼儿张嘴看口腔），真棒，跟老师走吧！

注意事项：

第一，教师面对幼儿和家长时要面带微笑、热情主动；

第二，尽量减少与家长长时间的沟通；

第三，要进行必要的沟通；

第四，早上如遇特殊情况（如吃药、身体异常、物品交接），一定要准确记录，不可遗漏。

（2）实施途径——放学时与家长交流

第一，向家长介绍幼儿当天或近期的表现。幼儿在园表现可以谈及幼儿的情绪、饮食、生活、社会交往、学习能力等方面，抓住幼儿的1~2个闪光点描述详细事例，让家长感受到教师对幼儿的关爱、重视和细心。

第二，提出幼儿的不足之处。

举例：针对个别刚入园的幼儿生活自理能力弱，教师可以对家长说："××宝贝又聪明又可爱，我特别喜欢，不过家长有点儿太疼爱孩子了，帮孩子做的事情太多了，以后我们一起努力来增强孩子的生活自理能力，好不好？像吃饭、穿衣、大小便、收拾玩具这类事情，尽量让孩子自己做，××这么聪明的孩子肯定能做好。"

注意事项：

第一，教师平时要善于观察、勤于记录，不断提取有关幼儿各方面发展情况的材料，进行分析，提取有用的事例；

第二，描述事情要具体，即便是幼儿的几句童言稚语、几次异常的大小便、小小的情绪变化，也要具体描述；

第三，语言简洁、明了，一般三五句话便可；

第四，平均每个星期都要与家长沟通一次；

第五，对于新入园的幼儿，在开学一个月之内，尽量不提缺点或不足；

第六，语言组织要委婉，让家长能接受；

第七，给家长提供专业性的、改正幼儿缺点的方法。

2. 文字书面交流

（1）实施途径

实施途径有：书信，便签，宣传单（通知），问（答）卷、调查表，家园宣传栏，家园联系手册。

（2）对象

书信——给经常外出、不能见面但需要沟通的家长，其优点是篇幅长、正规、易保存。

便签——针对个别幼儿和家长，其优点是短小、亲切。

问（答）卷、调查表，宣传单（通知），家园宣传栏，家园联系手册——一般面向全体家长。

（3）注意事项

第一，书信撰写格式正确，字迹端正，事件描述详细、完整。

第二，便签篇幅短小，语气亲切。

第三，通知的内容可以是教学、育儿方法，注意事项等。

第四，问（答）卷可要求家长写出具体的要求或内容，调查表的题型应以选择题为主。

第五，家园宣传栏要设立在班级教室门口的明显位置，保证一周更换一次。

第六，教师填写家园联系手册时要字迹端正，定时发放、收回。

3. 电访

（1）实施途径

实施途径有：电话，短信。

（2）对象

电访一般只针对个别幼儿和家长。

（3）注意事项

第一，电话沟通时需把握时间，宜在教师备课、中午休息、幼儿离园后进行。

第二，注意礼貌，如询问是否方便接听电话。

第三，针对个别幼儿的个别情况及时反馈和沟通。

第四，沟通内容要简单、明了。

第五，可采用短信的方式进行节假日集体性问候。

4. 网络平台沟通

（1）实施途径

实施途径有：网站，微信公众号，电子邮件，班级QQ群，微信群。

（2）注意事项

第一，沟通时所表述的文字应该清晰，有缜密的逻辑。

第二，注意礼貌用语。尽量用亲和力较强的称呼和对方交流。

第三，给家长充分的提问时间，并耐心地解答问题。

（三）日常沟通工作的要点

1. 沟通内容丰富化

（1）多角度

教师平时要注重观察，记录每个幼儿的情况，从生活细节、饮食情况、兴趣偏好、性格与交往、情绪变化等方面谈自己的做法，征求家长的意见，平等地沟通教育观念。

（2）重细节

在交流幼儿的行为时，教师要经常反馈幼儿丰富的在园生活中的真实而有价值的细节，如幼儿在园的趣事、童言稚语、任何与平时不同的行为变化，和家长进行细致的交流。

（3）客观说问题

当谈到幼儿的缺点时，教师首先要充分肯定幼儿身上的闪光点，中肯地说出不足之处时要注意措辞，要表现出对幼儿的关爱和期望，提供的方法要具有可操作性。

2. 沟通技巧艺术化

第一，教师要不断丰富有关家庭教育的知识，有准备的沟通。

教师应了解家庭教育的特点和规律，懂得一些家庭教育方面的知识，不断丰富教育思想内容，能接住家长抛过来的"球"，为指导家长做充分准备。

第二，教师要耐心倾听，冷静应答。

教师要善于聆听，注意在表情、体态、语言上支持和鼓励家长表达自己的观点，如注视对方的眼睛、用简短的话语回应对方、用点头表示认同等，让家长感到教师是真诚的，从而愿意与教师进一步交换意见。教师的态度要随和，语气要委婉，语态要真诚，语调要亲切，不能硬碰硬，即使家长的要求是无礼的，教师也要耐心解释。

第三，针对不同的对象，教师要采用不同的沟通策略。

在和不同年龄、文化背景、职业、经历、性格的家长交流时，教师应采用不同的说话方式。面对年长的家长，说话要表现出尊重、关心；面对年轻的家长，要多找共同关注点。教师要满足家长的合理要求，对家长提出的不合理的要求给予合理耐心的解释，并争取家长的理解与支持。一时解决不了的要表现出自己的重视和持续关注。

（四）日常沟通案例

案例一：电话沟通

电话沟通"幼儿自理能力的培养"问题

活动背景：

轩轩在班里属于年龄比较大的幼儿，但是他的自理能力却明显弱于其他幼儿。例如，在轩轩吃饭的时候，如果教师不时刻提醒他吃饭，他就总是坐在那里发呆，其他幼儿都吃完了，他还剩满满一碗饭；在起床穿衣服的时候，他也基本上是等待教师来为他穿衣服。经过观察和了解，我们知道了因爸爸妈妈工作太忙，轩轩的很多事情都交给了爷爷奶奶，平时很多自己能做的事情也都由爷爷奶奶替他完成，欠缺自理能力。

沟通目的：希望通过沟通幼儿在园的情况，引起父母对幼儿自理能力培养的重视。

沟通形式：电访。

沟通时间：15：00。

沟通人：班主任。

适应年龄：4岁。

沟通准备：电访谈话内容。

沟通过程：

教师："喂，轩轩妈妈您好！请问您现在方便吗？我想就轩轩在幼儿园里的自理能力跟您做一个沟通。"

轩轩妈妈："老师您说!"

教师："现在孩子们已经上中班了,经过小班一年的培养,孩子们在自理能力方面有了很大的提高,他们能够自己吃饭、自己穿脱衣服、自己收拾整理玩具。轩轩在这方面的进步也是非常大的,但是从这个学期开学以来,孩子的状态不是很好。他经常在该吃饭的时候坐在位置上等待,即使老师提醒他,他也懒得吃一口。生活老师有时会喂一下他,喂的时候他就会吃得很快。在孩子换衣服的时候,即使教给他换衣服的方法,他也似乎不能很好地运用,常常需要老师帮忙。请问轩轩妈妈,孩子平时在家里也是这种情况吗?"

轩轩妈妈："老师,辛苦你们了!轩轩平时在家里很多事情都是由爷爷奶奶来做。吃饭的时候,奶奶就经常端着碗追来追去地喂,早上起床也是奶奶一手帮他把衣服穿好。我们工作太忙,也没怎么管孩子。"

教师："我非常理解你们的情况。但是孩子现在已经上中班了,在自理能力方面需要家长在家庭教育中引起重视,尤其是隔代教育对孩子的影响,需要父母在中间有一个正确的引导。"

轩轩妈妈："是的,这个事情我已经跟奶奶说过多次了,但是效果并不见好!"

教师："确实有些事情跟老人家沟通,他们很难理解,但是我们也不能因此错过了培养孩子自理能力的最佳时期。因此,父母还需要在百忙中抽出时间来陪伴孩子,在陪伴的过程中,给予他正确的引导和教育,同时也是给长辈做一个示范。"

轩轩妈妈："谢谢老师的建议,在这一点上我也认真思考过。以后我会尽量抽出时间来陪伴孩子,加强对他的自理能力的培养。在生活中,也尽量让他自己能做的事情自己做。"

教师："不客气,在我们的共同努力之下,轩轩一定会有更大的进步!"

轩轩妈妈："好的,让老师费心了!"

教师："不客气,再见!"

温馨提示:

教师在和家长反映情况、了解情况时,语气尽量要中肯,尽量站在对方的立场上去理解并给出建议,同时给予家长家园齐心协力的信心。

与家长面谈幼儿在园生活和学习的细节

活动背景：

小班第二个学期开学已经有近一个月的时间了，教师经常在家长接幼儿的时候，看见瑶瑶的爸爸一接到瑶瑶就会仔细地查看他的脸，时不时地还会问道："今天有没有人打你……""你的脸怎么红了？是自己弄的还是别人打的……"瑶瑶总是摇头说："不知道啊……""没有人打我……""我自己弄的……"当班的教师快速地回忆起在班级活动时，并没有发现瑶瑶的脸上有伤痕，瑶瑶也没有发生过碰撞的事情。当班的教师和瑶瑶的爸爸解释了一番，此时瑶瑶的爸爸也表示这些都没什么。但是，第二天瑶瑶的爸爸还是会用同样的方式来问幼儿。面对瑶瑶爸爸的这种质疑，教师们也是倍感压力，在班级中时时刻刻都在关注着瑶瑶，生怕放学时瑶瑶的爸爸又对着他问个不停。在同样的询问情景发生过三次后，教师决定找瑶瑶的父母进行面对面的沟通，正面坦诚地聊一聊他们的质疑。

沟通目的：及时沟通幼儿在园的情况，解除家长的质疑。

沟通形式：面谈（幼儿离园后交流）。

沟通时间：放学后。

沟通地点：班级教室。

沟通人：班级的两位教师。

适应年龄：小班。

沟通准备：认真地整理好瑶瑶在幼儿园里的生活细节和一些活动情况，以便和瑶瑶的爸爸妈妈进行交流。

沟通过程：

教师A："瑶瑶爸爸，瑶瑶妈妈，你们觉得瑶瑶在入园学习和生活的这段时间里有哪些方面的进步呢？"

瑶瑶妈妈："有礼貌！会帮妈妈照顾妹妹！跟没上幼儿园相比进步很大。"

教师B："那您觉得我们老师在哪些方面需要更多地照顾您的孩子呢？比如，在生活自理、与小朋友相处等方面……"

瑶瑶爸爸："哦！不用的，老师，我觉得都很好！你们已经做得非常好了！"

教师A："在放学的时候，我们经常看见瑶瑶爸爸会问孩子一些在幼儿园里的问题。作为孩子的老师，我们时时刻刻都在认真地关注着孩子的一举一动。之前，瑶瑶爸爸特别关注瑶瑶脸上是否有红印，上次与您简单交流后我们对孩子的关注更加仔细和认真，但都没有发现孩子脸上出现您说的问题，更没有小朋友打他，所以我们老师也是倍感压力！怎样更加仔细地关注瑶瑶，才能让您对我们更加信任？"

瑶瑶爸爸："老师您误会我的意思了，我们并没有不信任老师，我们感觉孩子能在这里生活和学习十分幸运！老师们对孩子的照顾让我们非常感动！因为我这个儿子比较内向，不太愿意与人交流，经常在和楼下的小伙伴们玩耍时被打，他又不会说，更不会还手，所以我们就是想让他多跟我们交流，交流一些幼儿园的事情。可能是我说话和问问题的方式不太对，让老师们误解了。老师您放心，我们对您、对班级和幼儿园是非常认可和信任的。真没想到我的这一个小小的举动竟然让老师们这样认真地对待我们，我们很感动。"

温馨提示：

通过瑶瑶爸爸的这段话，教师能清晰地感觉到家长真诚的态度和对教师工作的认可。同时也出现了一个新的问题，这就是"如何和幼儿有效沟通"的问题，这也是这次面对面交流的一个重要内容。通过这次面谈，教师和瑶瑶的父母一起探讨了如何和幼儿进行有效的交流，解决了一直困惑他们的问题。

教师要像这样真诚地和家长面对面坐下来，倾听家长的心声，给家长一个倾诉的空间和平台，真实地面对问题，解决问题，让家长感受到教师是在实实在在地关注着孩子的生活，关注和孩子有关的每一个细节，真诚地对待每一个孩子，这样才能使家长工作事半功倍。

案例三：幼儿阅读习惯的培养

就幼儿阅读习惯的培养与家长沟通

活动背景：

现在的家长越来越认识到阅读对幼儿一生的重要影响，在与家长的交流中，教师也侧重宣传了亲子阅读的重要性，很多家长认同这种理念，也开始行动起来了。但教师发现希希不喜欢阅读，对阅读活动不感兴趣，区角活动时也从来不选择阅读角。为此，在希希妈妈接送希希的时候，教师持续性地与希希妈妈沟通如何提高希希的阅读兴趣，培养他良好的阅读习惯。

沟通目的：通过日常交流，加强家园双方信息沟通，持续跟进对希希阅读兴趣的培养。

沟通形式：面谈（接送幼儿时）。

沟通时间：5月8日、5月12日。

沟通地点：教室门口。

沟通人：袁老师。

沟通过程：

5月8日放学时。

袁老师："希希妈妈，您好！我发现希希小朋友特别活泼开朗，在幼儿园里无论是集体活动还是区角活动都能非常专注地参与，特别棒！只是他好像对阅读不是很感兴趣，不愿意去阅读角看书。希希在家里有看书的行为吗？"

希希妈妈："袁老师，希希不太喜欢阅读，这一点我们也发现了，我在网上给他买了很多书，从来也没有见他看过。"

袁老师："这是什么原因呢？是不是家里没有给他创设一个安静的阅读环境？还是买的书不适合他看呢？"

希希妈妈："袁老师，我觉得可能是因为我们家里没有阅读的环境吧。我们家平时人来人往的，有些吵闹，而且家里人也都不看书，一有时间就玩手机或看电视，因此希希也没有养成看书的习惯。"

袁老师："如果是这样的话，那么我希望你们有时间就多陪他进行亲子阅读，每天抽出半小时来营造一个安静的环境，不要看电视也不要在家里大声喧哗，安静地给希希读一个故事。久而久之，他就能养成爱阅读的好习惯了。"

希希妈妈："好的，袁老师，今天我们就进行亲子阅读。"

5月12日放学时。

袁老师："希希妈妈，今天希希很高兴地指着我们班的一本书，告诉我：'我们家也有这本书，我妈妈昨天给我讲了。'"

希希妈妈："噢，昨天晚上我们看的是《鳄鱼爱上长颈鹿》，我给他讲的时候，他很认真，也乐得不行，后来还要求重复讲。"

袁老师："那太好啦，喜欢听你讲，就是最好的开始。"

希希妈妈："是啊，上次跟您谈了以后，我也调整了，先陪孩子享受阅读的乐趣，这个很重要，然后再让他慢慢养成阅读的习惯。"

袁老师："哈哈，真棒！你们已经掌握了亲子阅读的核心要领了，我们在幼儿园里也会持续支持希希的，加油！"

案例四：利用家园激励卡

利用家园激励卡激励幼儿养成良好的进餐习惯

活动背景：

小班刚开学，幼儿还没有完全适应幼儿园的生活，独立自理的能力需要进一步加强。特别是在幼儿进餐的环节中，个别幼儿还不具备独立进餐的能力，家长特别担心。为此，班级教师和家长进行了沟通。以真真小朋友为例，教师和家长达成了以下合作共识。

1. 个别指导真真掌握进餐的要领，如正确拿勺子，一手扶碗一手拿着勺子吃饭。

2. 在家里，家长也要尽量坚持让真真自己吃饭，同时多给予他鼓励。在幼儿园里，教师会持续关注并给予多种方式的支持与鼓励。

活动目的：

1. 通过激励卡及时表达教师对幼儿的关爱、欣赏和支持，有效增进师幼互动。

2. 通过激励卡及时让家长了解师幼互动的情况，有效地与家长进行日常沟通交流。

沟通形式： 和家长书面沟通（便签）。

沟通时间： 日常。

沟通人： 班级教师。

活动年龄： 各年龄段均可。

沟通准备：

1. 准备激励卡，并通过班会或其他途径向家长说明其使用目的和方法。

2. 对幼儿进行观察，采集值得激励的信息。

沟通过程：

1. 教师将采集到的信息转换为说给幼儿的话或说给家长的话，并记录到激励卡上"教师的话"一栏中，见图3-7和图3-9。

2. 教师将激励卡上说给幼儿的话当面读给幼儿听，向幼儿表示祝贺。

3. 让幼儿把激励卡带回家和爸爸妈妈一起分享。家长可以在激励卡的第二个页面"父母的话"上填写反馈内容，并交回班级，见图3-8和图3-10。

教师的话

激励卡

真真，我发现你这两天吃饭进步很大噢！你会正确使用勺子了，真替你开心！
2016年9月13日

图3-7　激励卡1（正面）

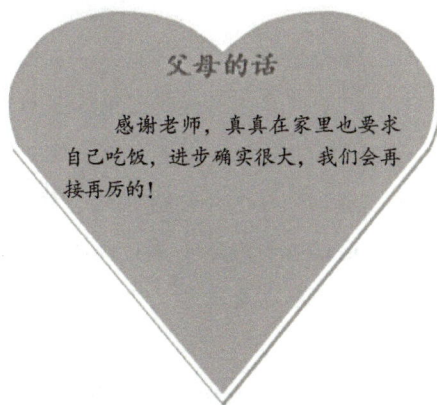

父母的话

感谢老师，真真在家里也要求自己吃饭，进步确实很大，我们会再接再厉的！

图3-8　激励卡1（背面）

教师的话

激励卡

真真，我发现你不但能坚持自己吃完一份饭菜，还会自己整理餐具，继续加油哦！
2016年9月16日

图3-9　激励卡2（正面）

父母的话

真真在家里开始主动帮助我们干活了，摆碗筷、收拾碗筷，变得爱劳动了！谢谢老师！我们一定会好好配合学校教育。

图3-10　激励卡2（背面）

温馨提示：

1．注重时效性。及时填写激励卡，并与幼儿交流其中的内容。教师及时而具体的评价反馈有助于幼儿的理解，提升互动效果。

2．注重持续性。对幼儿某方面的学习与发展进行持续关注，并利用激励卡保持亲、子、师三方持续的互动，有助于家园配合效果的提升。

案例五：难忘的生日

难忘的生日——用书信表达爱

活动背景：

随着网络化时代的发展和进步，家园联系的方式越来越多元，电话、QQ、微信等方式快捷方便，但书面沟通依然有它不可替代的价值。尤其是在幼儿生日这样特别有纪念意义的时间节点，最爱他的人——教师和父母会通过书面沟通交流对他的观察记录，表达对他的爱，这将是他成长过程中最美好也最有意义的礼物。

活动目的：

1．在生日这样有纪念意义的日子里表达对幼儿关爱和祝福的情感。

2．在周岁的时间节点，及时和家长就幼儿的相关情况进行沟通，了解家长对幼儿的发展期望。

沟通形式： 和家长书面沟通。

沟通时间： 幼儿生日当天。

沟通人： 班级教师。

适合年龄： 各年龄段均可。

活动准备： 提前为过生日的幼儿准备生日帽、摄影设备等。

活动过程：

1．生日当天，利用晨谈的时间，大家围坐成一圈，为过生日的幼儿举行简单的庆生仪式（包括唱生日歌、小伙伴送祝福、小寿星发感言、合影留念等），并记录活动过程中幼儿的话。

2．给过生日的幼儿测量身高、体重，看牙齿，记录成长数据。

3．将幼儿的话和测量的幼儿的身高、体重等数据填写在《难忘的生日》1和《难忘的生日》2的表格中。

《难忘的生日》1

生日合影留念

小伙伴的祝福

逸逸：我想和满满一直做好朋友，因为她对我很好，和她在一起我很快乐

妮妮：祝满满越来越漂亮，舞跳得越来越好

源源：满满爱帮助我，谢谢她。还有，她做值日也很认真，我要向她学习

……

身高（cm）	
体重（kg）	
牙齿（颗）	
视力（度）	

《难忘的生日》2

教师的话：

　　亲爱的满满，祝你生日快乐！我还记得你过4岁生日时还是一个略带羞涩的小姑娘，转眼间，就迎来了你的6岁生日！通过这次的庆生会，老师看得出来，小朋友们都非常喜欢你。你身上也多了很多优点：活泼大方，做事积极主动，自理能力强，爱劳动，也很有爱心，喜欢帮助同学。每次老师交代的任务你总能愉快地完成，是老师的好帮手。还有，你的舞姿也很美！希望你每一天都快乐，充满笑容

孩子的话：

　　亲爱的妈妈，感谢你生了我！从我上幼儿园开始，你就总是陪我一起上美术课，陪我一起学钢琴和舞蹈，和我一起阅读有趣的图画书。我要谢谢你！妈妈你辛苦了，妈妈我爱你！妈妈，你答应给我买的漂亮的小裙子买好了吗？我还要谢谢小朋友们，今天晚上欢迎大家都来我家参加我的生日会，我妈妈给我订了一个大大的芭比娃娃蛋糕

家长的心里话：

4. 生日当天幼儿要及时把表格交到家长手里，请家长填写表中"家长的心里话"一栏。

温馨提示：

1. 注重时效性。提醒家长及时观看幼儿生日当天的记录，显现教师的关爱和重视。

2. 在条件允许的情况下可把幼儿的庆生过程拍摄下来，把视频及时发给家长观看。

案例六：网络平台的使用

日常沟通中网络平台的使用

沟通背景：

小班第一学期，幼儿第一次参加没有预先通知的消防疏散演习。区角活动时，突然，一阵阵警报声打破了此时的平静，幼儿被突如其来的消防演习警鸣声吓得一时没有回过神。在班主任的组织下，幼儿虽然还处在懵懂和不知所措的状态中，但因为前期受过安全教育，所以一个个都能跟着教师，弯腰低头、捂住口鼻快速走到大操场上。演习的后半部分是大班幼儿在二楼阳台进行的被困求救演习：一边是滚滚浓烟，一边是大班幼儿不断地敲打盆、桶发出的求救声，还有的拿着扫把不断挥舞，以引起救援人的注意……突然，我们班的三个幼儿大哭起来："我要回家！我要找妈妈！""着火了，我们都会被烧死的！"……教师赶紧拥抱并安抚三个幼儿，回到教室后针对今天的演习组织谈话和讨论。

沟通形式：网络平台沟通（微信群）。

沟通经过：

针对今天上午的消防演习活动及幼儿的参与情况，教师在微信群里编辑了这样一段文字，内容如下：

"各位家长，您好！今天上午10点零5分，我园进行了一次消防演习活动。目的是：在没有任何准备的情况下，锻炼孩子们对火灾的应变能力，提高他们在火灾中的逃生技能。所以，园领导在保密的同时，进行了周密的布置。本次消防演习，全园的孩子们用两分多钟就顺利地逃离了火灾现场，并且我们班无一名幼儿脱离队伍。真的要给小二班的孩子们点个大大的赞！演习结束后，老师们做了及时的安抚情绪工作，但有些孩子还是会有情绪上的波动，请爸爸妈妈们仔细留意观察，注意疏导孩子的情绪，同时配合展开相关的安全讨论，巩固安全教育成果。"

同时，教师还在微信群里发了今天活动的相关照片，帮助家长具体了解活动情境，也便于家长和幼儿延伸讨论。

事后分析：

手机已经成为大家生活中不可或缺的一部分，微信也成了大家平时互动交流不可缺少的平台。家长可以及时、高效地在班级微信群里了解到通知、看到幼儿的活动照片和视频，及时、有效地了解到幼儿在园的最新动态和幼儿园的最新通知，从而实现家园同步，共促幼儿发展！

温馨提示：

1. 活动内容要及时通知家长，让家长了解情况。如果家长听幼儿说起后再一一询问教师，教师的解释会显得比较被动。

2. 由于微信等网络联系工具不能直观地看到对方的表情，因此在沟通时所表述的文字应该清晰而有缜密的逻辑性。

第四节　让家长走进幼儿园——义工与助教

一、义工活动

幼儿园的家长义工又被称为家长志愿者，是指幼儿的家长在工作之余，自愿贡献自己的时间及精力，在不计任何物质报酬的情况下，为幼儿的健康成长及幼儿园的教育教学管理提供无偿服务。

家长义工的意义：家长义工有利于幼儿园与社区、家庭建立良性互动机制，促进家园共育。家长义工在参与幼儿园各类活动的过程中，可以客观真实地了解幼儿在园活动的常态，了解教师的工作，从而加深对幼儿园管理及保教工作的理解、配合与支持。同时，家长义工不是单方面地提供人力、物力资源，幼儿园应在活动过程中提供有针对性的指导，帮助家长转变育儿观念，不断积累科学实用的育儿方法，实现家园互助，共同成长进步。家长义工对于家长和幼儿园的意义如表3-8所示。

表3-8　家长义工的意义

对于家长的意义	对于幼儿园的意义
1. 了解幼儿园的管理及保教工作	1. 实现共同的育人目标
2. 了解幼儿在园生活的常态，加强亲子互动，密切亲子关系	2. 深化家园合作的民主化管理进程
	3. 引导家长理解幼儿园的教育理念，参与课程实施
3. 给幼儿树立学习的榜样，让幼儿获得自豪感	4. 丰富幼儿园的教育资源
4. 学习科学的教养方式，积累育儿经验	5. 促进家长、教师、幼儿之间的和谐关系的建立

（一）家长义工的组织方法、流程和要点

1. 家长义工的申报条件

第一，关心教育，关注幼儿的健康成长。

第二，有相对充裕的空闲时间和精力。

第三，富有责任感、奉献精神，愿意贡献自己的时间和精力为全体幼儿服务。

第四，有丰富的社会资源，或者在某一行业、领域内有专长，能为学校的教育教学活动提供帮助。

第五，有一定的组织管理能力和协调能力。

2. 家长义工的工作职责

第一，家长义工应在幼儿园的指导下配合完成举办各类大型活动、日常安保、环境创设、图书管理等工作。

第二，家长义工可以充分利用社会资源，为幼儿创设更好的成长环境，提供更多的实践活动机会。

第三，家长义工有义务积极向其他家长进行正面宣传，倡导更多的家长参与幼儿园的各项活动。

3. 家长义工的组织流程

家长义工的组织流程如图3-11所示。

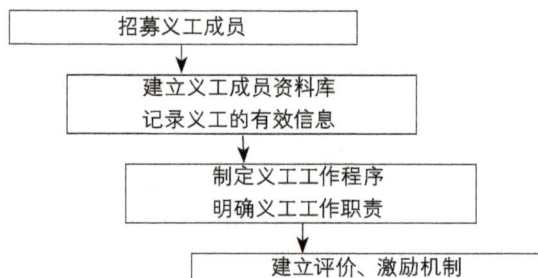

图3-11　家长义工的组织流程

4. 家长义工的指导要点

第一，幼儿园要通过各种方式加大宣传，让全体家长了解义工的意义以及义工的工作职责、内容等，鼓励家长积极参与。

第二，坚持自愿参与原则。家长可以根据自己的专业特长、兴趣爱好、空闲时间等决定是否参加和参加哪些义工服务项目。幼儿园可提供报名表，列出家长义工的服务项目选项和服务时间选项，由家长自愿选择。

第三，完善家长义工的组织机构，制定家长义工章程，章程的内容应包括家长义工团队的名称、口号、组织架构、工作职责、工作内容、服务时间和地点、服务要求等具体事项。实行分层管理，制定详细的制度和可操作的实施方案，明确各层级、各部门负责人的责任。

第四，建立完善的家长义工培训制度，加强对义工的服务指导。家长义工来自各行各业，文化层次参差不齐，对幼儿教育的理解不一，因此有必要开展系统的培训。培训的方式可以多样，培训可以分层次、有计划地进行，帮助家长义工树立为全体幼儿服务的观念，明确工作职责与服务要求，了解幼儿园的规章制度，学习科学的教养观念，用适宜的方式与幼儿互动，提高服务质量。

第五，建立完善的义工活动档案和评价表彰机制。做好每次活动的过程性记录，及时总结反思活动经验。统计义工的工作量，定期表彰优秀的家长义工，激发家长义工的工作热情。

（二）家长义工活动的案例

案例一：义工招募活动方案

爱的呼唤——义工招募活动方案

活动背景：

为密切家园关系，拓展家园沟通渠道，创造更多的机会让家长走进幼儿园、走近幼儿，同时也为了解决幼儿园在开展一些活动时人手紧张的实际困难，幼儿园计划组建家长义工团队，为近期将开展的大型活动做好准备。特面向幼儿园全体家长招募家长义工，以期共同建设快乐、健康、进步的家园共育大家庭。

活动目的：

组建积极、友爱、和谐的家长义工团队，为各项活动的顺利进行提供支持，形成更加紧密的家园共育关系。

活动形式：公开招募、自愿报名、不定岗服务。

活动过程：

1. 组织各班班主任、家委会代表召开义工筹备会议，推选义工团队负责人，明确工作任务，拟订招募方案及倡议书。

2. 各班级发出倡议，宣传义工招募活动。

3. 各班级分发义工报名表，鼓励家长自愿报名。

4. 家长义工报名，审定。

5. 公布义工人员名单。

6. 举行义工团队成立大会。

（1）园长致欢迎辞。

（2）义工团队负责人介绍义工的工作职责与工作内容，强调团队纪律。

（3）根据工作内容进行分组，如摄影组、安保组、后勤组等，义工可根据自身的实际情况选择组别。

（4）推选小组长，针对近期将开展的活动组织小组讨论，明确各组的工作任务。

（5）建立微信群，便于及时发布与交流信息。

（6）颁发义工证书、红马甲等标志性服饰，合影留念。

案例二：图书馆家长义工活动

感谢知识之源——图书馆家长义工活动

活动背景：

幼儿园的图书馆是幼儿非常喜欢的学习空间，但是日常的阅读活动在开展的过程中存在一定的问题，如教师分身乏术，不能为幼儿提供个性化的阅读指导，活动结束后图书不能准确归位等。因此，幼儿园义工团队特别设立了图书馆义工活动小组，以便加强对图书的有效管理与使用，为幼儿提供良好的阅读环境。

活动目的：

1. 协助幼儿园图书馆的工作人员做好各种小读者服务工作。

2. 弘扬义工精神，同时把爱心传递给周围的人，影响并带动更多的人参与义工活动，充实自我。

图书馆家长义工的工作内容：

1. 参与书库的日常管理，包括图书借还、到期图书催还、书库整理等工作。了解并熟悉图书馆索书号的排架方式，了解图书馆书库维护的工作流程，体验工作人员的日常工作。

2. 宣传入馆及在馆的良好借阅习惯，倡导幼儿小读者争做文明小读者，为幼儿小读者引航，让小读者全方面地了解图书馆的馆藏布局和运行方式，同时向小读者宣传普及图书馆学的基本知识。

3. 参与图书馆阅览室的秩序维护管理，引导幼儿规范有序地使用阅览室。

活动时间：12月7日（周三）16：00—17：00。

活动地点：幼儿园图书馆。

活动准备：义工马甲、小红帽、手套、小贴纸。

活动流程：

1. 义工签到点名，自我介绍，义工组长提出注意事项。

2. 集体培训义工，明确工作要求，根据活动分组分工。

3. 义工到达各自的作业区域，在义工组长的带领下在图书馆打扫卫生、整理图书（如图3-12所示）、摆放桌椅。

4. 开馆迎接幼儿，义工帮助幼儿在图书馆借书（如图3-13所示）、还书，创设亲子阅读环境（如图3-14所示），维持阅读秩序，引导幼儿遵守图书馆规则（如图3-15所示），培养幼儿的规则意识。

5. 闭馆，活动结束，组长简单总结，合影留念。

图3-12 家长义工整理图书

图3-13 家长义工帮助幼儿在图书馆借书

图3-14　家长义工陪幼儿阅读

图3-15　家长义工引导幼儿遵守规则

案例三：幼儿园家长义工护卫队

幼儿园家长义工护卫队

活动背景：

为了加强防恐防暴力度，我园在加强幼儿接送制度执行力度的同时，倡议、发动家长成立了校园安防家长义工队，每天在幼儿离园的高峰时段协助幼儿园维持秩序、维护安全，加强我园的安防力量和对不法分子的震慑力，提高安防水平。

活动目的：维护离园秩序，确保幼儿接送安全。

活动形式：家长轮值。

活动时间：每天16：30—17：10。

活动地点：幼儿园大门、侧门。

活动准备：

1. 提前召开家长义工护卫队成员会议，介绍工作内容及要求。

2. 制订家长义工护卫队值班表，每天4位家长，定期轮换。

3. 准备家长义工工作牌或红马甲等标志性服饰。

活动流程：

1. 提前10分钟到达幼儿园，先到门卫室领取护卫队特配的红马甲和警棍（如图3-16所示），明确各自的站位点（如图3-17所示）。

2. 根据现场情况与其他家长间隔安全距离，耳听六路、眼观八方。

3. 劝导家长将单车摆放在指定的地点。

图3-16　领取护卫队特配的红马甲和警棍　　　　图3-17　护卫队成员到各自的站位点

4. 细心观察，防止可疑的社会闲散人士进入幼儿园。

5. 及时协助幼儿园的安保人员做好家长的疏导工作，核查接送卡上的信息，确保一位家长带一个幼儿离园。

6. 小范围巡视，防止可疑人士在幼儿园的门口或周边徘徊，保证家长和幼儿的离园安全。

7. 轮值结束，合影留念，将红马甲和警棍交回门卫室。

二、助教活动

家长助教是指幼儿园根据教育需求，邀请家长发挥自身特长或利用社会资源，在教师的指导下尝试开展教育活动的一种新型的家园共育方式。

家长助教的意义：拉近了家长与幼儿园之间的距离，使家长和教师成为亲密的合作伙伴。家长可以通过助教活动了解幼儿在幼儿园里学习和生活的基本情况，与教师交流育儿心得。家长助教活动，不仅让幼儿收获到快乐与智慧，还使家长体验到幼教工作的辛苦与默默奉献，了解到教师对幼儿全方位的关爱。

家长不同的职业、文化背景，可以为幼儿的学习提供丰富的教育资源，如医生、发型师、各科教师、警察、营业员、商人等，都可以为幼儿的学习提供探索认知和建构经验的支持，在一定程度上弥补了教师在其他专业领域的不足，形成了家园之间更为平等而广泛的教育互补。家长助教对于幼儿、家长和教师的意义如表3-9所示。

表3-9　家长助教的意义

对于幼儿的意义	对于家长的意义	对于教师的意义
1. 激发学习兴趣 2. 接触不同的教学风格、教学形式与内容，丰富社会认知 3. 为自己的父母能成为"教师"感到自豪	1. 深入了解幼儿园的教育教学情况 2. 与幼儿亲密接触，全方位了解幼儿的学习与生活状况 3. 学习组织幼儿活动的技巧，积累育儿知识和技能	1. 拓展了教育资源 2. 教育手段与教学形式更为丰富 3. 有机会接触其他领域的专业知识，拓展知识面 4. 家园关系更加密切，有利于班级工作的开展

（一）家长助教的组织方法、流程和工作要点

1. 组织方法

第一，通过学期初家长会、微信群等多种途径宣传家长助教活动的价值与意义，介绍家长可以参与的活动的方式与内容，鼓励家长自愿或推荐报名。

第二，设计家长资源调查表（如表3-10所示）和家长助教报名表。

表3-10　家长资源调查表

幼儿姓名	家长姓名	工作单位	职业或专业	爱好特长	联系方式	是否愿意参加家长助教活动
愿为班级提供或协助哪些服务（请在以下表格内自选打"√"）						
专业知识	故事妈妈	美劳活动	参观活动	车辆服务	活动策划组织	烘焙烹饪
摄影摄像	运动活动	网络技术	展示个人才艺	其他		
对幼儿园活动的建议：						

第三，判断资源价值，选好家长助教。

分析家长背景，有什么特质的家长适合做助教？哪些家长可以进行组合互助？哪些家长的助教资源与幼儿园的课程内容相关？哪些家长的助教资源有利于促进幼儿的学习发展？

第四，结合班级的学期教学计划及课程实施需求，与报名家长分别充分交流讨论，选择适合的助教内容，制订助教工作计划表（如表3-11所示）。

表3-11　家长助教学期计划

序号	活动时间	幼儿姓名	家长姓名	活动形式	活动内容	联系电话	备注
1							
2							

第五，指导家长助教制订活动方案，协助开展助教活动。

2. 组织流程

家长助教活动的组织流程如图3-18所示。

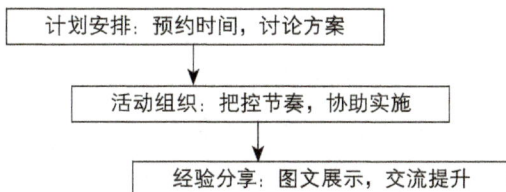

图3-18　家长助教活动组织流程

3. 工作要点

第一，家长助教活动开展前，幼儿园要充分宣传活动的意义，帮助家长挖掘自身优势，鼓励家长积极报名踊跃参加。

第二，幼儿园或班级需建立家长助教制度。

第三，根据不同的年龄段确定家长助教的内容。

第四，活动前与家长充分沟通，保证助教的有效性。

第五，教师应适时进行指导，给予家长发挥的空间，并根据活动情况采取灵活的指导方式。

第六，活动后组织交流分享，积累经验。

（二）各年龄段家长助教活动案例

案例一：小班家长助教案例

点心师妈妈——制作小布丁

活动背景：

为培养幼儿健康的饮食习惯，我们结合小班幼儿的年龄特点开展了"好吃的食物"主题活动。热爱厨艺的瑶瑶妈妈主动报名参加家长助教活动，希望发挥自己的专长，带着幼儿一起在制作小点心的过程中丰富幼儿的知识经验，体验享受美食的快乐。为此，我们邀请瑶瑶妈妈来园开展了一次助教活动。

活动目的： 了解点心的制作方法，通过动手操作体验自制美食的乐趣，丰富有关食物的知识经验。

活动时间： 2017年5月27日。

活动地点： 小一班生活区。

活动形式： 生活区点心制作。

活动主持： 瑶瑶妈妈。

适应年龄： 3~4岁。

活动准备：

1. 预约家长来园时间，确定活动方案。

2. 准备活动所需要的器具并事先消毒。

3. 制作食品的原材料由幼儿园提供，保证品质。

4. 提醒家长助教着装大方适宜，佩戴口罩、手套。

活动流程：

1. 介绍点心师妈妈，激发幼儿兴趣。

区域活动前，教师告诉生活区的幼儿，今天会有一位神秘嘉宾来跟他们一起玩。

请瑶瑶妈妈做自我介绍，并和幼儿一起做一个简单的互动小游戏。

2. 制作布丁。

（1）瑶瑶妈妈先逐一介绍她带来的工具和材料：模具、量杯、搅拌棍、布丁粉、温开水等，如图3-19所示。请幼儿选择自己喜欢的模具。

（2）瑶瑶妈妈给幼儿读布丁粉包装上的说明："一包布丁粉需要400毫

升水。"然后请幼儿在量杯上找出400毫升的刻度，如图3-20所示。瑶瑶妈妈缓缓将温开水倒入量杯中，幼儿看水到了刻度线就急忙叫："阿姨，停停停。"如图3-21所示。

（3）瑶瑶妈妈再请幼儿帮忙把布丁粉缓缓倒入水中，幼儿用搅拌棍把布丁粉搅拌均匀。

（4）每个幼儿都尝试着将布丁液倒入自己的模具中（如图3-22所示），注意不要倒太满。

（5）把布丁液和模具一起放到冰箱里冷藏，等待下午享受美味可口的枇杷果布丁。

3. 品尝布丁。

幼儿下午起床后，第一个想到的就是布丁。看着一个个漂亮的布丁

图3-19　介绍工具和材料

图3-20　寻找400毫升刻度线

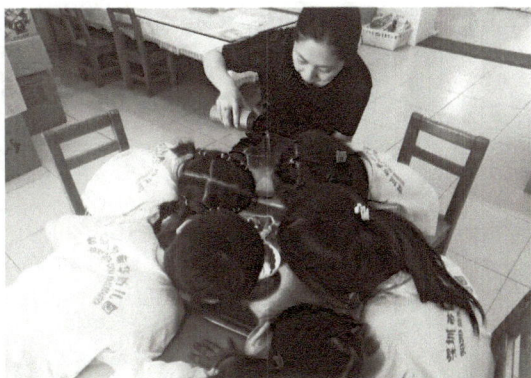

图3-21　将水倒入量杯

图3-22　将布丁液倒入模具

从模具里倒出来，幼儿都欢呼起来了，再细细品尝布丁的味道，那真是美味极了，吃着自己动手制作的布丁（如图3-23所示），幼儿一个个都乐开了花。

图3-23　做好的布丁

活动反思：

本次家长助教活动，是小一班第一次尝试请幼儿的爸爸妈妈来园助教。这次做布丁的活动非常吸引幼儿，瑶瑶妈妈能在活动环节中让幼儿自己亲身体验和操作，让幼儿积极地投入到活动中去。本次活动非常圆满，谢谢家长的大力支持和配合！希望今后能有更多的家长可以给幼儿带来欢乐！

案例二：中班家长助教案例

医生妈妈——如何预防手足口病？

活动背景：

每年的春夏是手足口病的发病高峰期。为帮助幼儿了解疾病预防知识，加强疾病防控，我们计划请班里的一位医生妈妈来园为幼儿介绍如何预防手足口病，从专业的角度丰富幼儿的知识经验，提高疾病防控能力。

活动目的：

通过生动有趣的专业学习，帮助幼儿了解什么是手足口病，症状是什么样的，让幼儿有足够的自我防范意识，在医生的引导下加强良好卫生习惯的培养，提高疾病预防能力。

活动形式：图文配合、生动有趣的PPT、集体互动、抢答竞赛、实地操练。

活动时间：5月23日早上10：00。

活动地点：班级教室。

活动主持：班级教师。

适应年龄：4~5岁。

活动准备：

1. 和医生预约相关事宜（活动时间、内容、形式等）。

2. 提供教师的活动案例，供家长参考，以便组织活动。

3. 讨论、完善活动PPT及教案。

4. 医生的白大褂一件。

5. 小奖品若干份。

活动流程：

1. 欢迎家长助教，介绍医生——豆豆妈妈。

2. 医生用PPT向幼儿介绍手足口病，如图3-24所示。

（1）教师打开PPT，介绍今天的主要内容（帮助记忆）。

（2）幼儿了解手足口病会有什么症状。

（3）幼儿了解哪些年龄段的人容易得手足口病。

（4）幼儿了解手足口病是怎么传播的，有什么途径。

（5）幼儿了解怎样才能预防手足口病。

（6）幼儿学习儿歌《预防手足口病》。

（7）医生示范正确的洗手七步法，如图3-25所示。

3. 分四组抢答竞赛。（由医生主持，教师配合，如图3-26所示）

问题：

（1）我们今天学习了什么疾病的相关知识？

（2）手足口病有什么特征？

（3）哪些孩子容易得手足口病？

（4）手足口病的传播途径是什么？

（5）怎样才能预防手足口病呢？

（6）谁能背儿歌《预防手足口病》？

（7）谁能示范正确的洗手七步法？

（难度大的问题可适当提示，幼儿之间可互相补充，教师给予奖品鼓励）

4. 实地练习：请幼儿分组到洗手间用七步洗手法洗手，看看谁的洗手方法是正确的，并给予奖励。

5. 致谢，结束。

图3-24　医生介绍手足口病

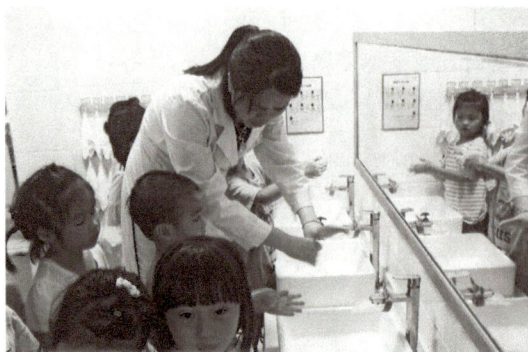

图3-25 医生示范正确的洗手方法

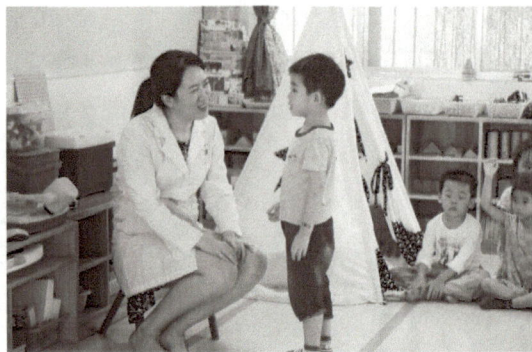

图3 26 医生提问我回答

6. 拓展工作。

（1）把活动PPT发到班级微信群里供家长了解学习。

（2）把活动的精彩瞬间发到班级微信群里，再次感谢医生的助教行为，鼓励其他家长利用所长积极为幼儿服务！

案例三：大班家长助教案例

故事妈妈——《老鼠排第一》

活动背景：

为了促进家园沟通，充分挖掘家长群体的教育资源，开阔幼儿的视野，帮助幼儿养成良好的阅读习惯，促进幼儿的健康、全面发展，结合我园的办园特色——多元阅读，本学期我们开展了"故事妈妈"系列活动。

活动目的：激发幼儿的阅读兴趣，培养阅读习惯，营造亲子阅读的良好氛围，感受表演亲子故事的乐趣。

活动形式：亲子合作分角色表演故事。

活动时间：2017年6月5日16：00。

活动地点：大一班教室。

活动主持：涵涵妈妈。

参加人员：大一班全体教师、幼儿和"故事妈妈"涵涵妈妈。

活动准备：

1. 提前跟涵涵妈妈约定时间，共同商量，选定故事并确定故事的呈现形式。

2. 涵涵妈妈负责准备表演故事所需要的道具。

3. 通知涵涵妈妈来园的注意事项，按约定时间，准时入园，穿着得体，不穿高跟鞋。

活动流程：

1. 欢迎问候。

涵涵妈妈准时来到班级，非常亲切地和幼儿问好，拉近和幼儿的距离。

2. 介绍绘本，吸引幼儿的注意。

涵涵妈妈带来的是一本很有教育意义的故事图画书——《老鼠排第一》。通过听她介绍图书的封面和故事中出现的角色，幼儿都很期待故事妈妈带来的这个有趣的故事。

3. 分角色表演故事并讨论。

涵涵妈妈是一位全职妈妈，平时很注重幼儿阅读习惯的培养。她为这次的"故事妈妈"活动提前做了充分的准备，以亲子表演故事的形式来呈现，并且精心制作了头饰。在故事表演前，幼儿已经非常期待了。

在整个故事表演的过程中，涵涵和妈妈非常默契，有着生动的语言、丰富的肢体语言以及夸张的表情，幼儿听得异常专注、津津有味，如图3-27所示。

故事表演结束后，涵涵妈妈还和幼儿进行了互动，就故事中的老鼠和牛展开了激烈的讨论。幼儿一致认为故事中的老鼠虽然懂得借力，会利用周围的一切来达成自己的目的，但是太过狡猾；故事中的牛虽然很憨厚，但是太容易相信别人。最后，幼儿纷纷表示做人既要像牛一样憨厚，又要学习老鼠善于借力。

4. 故事结束，互相告别。

幼儿起身，很有礼貌地向涵涵妈妈表示感谢，谢谢涵涵和涵涵妈妈带来的精彩的故事表演。

5. 拓展活动。

（1）将活动过程以图文并茂的形式发送到班级家长微信群里，鼓励其他家长在

图3-27　涵涵与妈妈分角色表演故事

家庭中开展亲子阅读。

（2）鼓励家长自愿报名参加"故事妈妈"团，定期来园与幼儿一起开展亲子阅读活动。

第五节　家长幼儿一起玩——亲子活动

《幼儿园教育指导纲要（试行）》中指出家长是幼儿园的重要合作伙伴，幼儿园应本着尊重、平等的原则，吸引家长主动参与幼儿园的教育工作。开展亲子活动是进行家长工作的重要途径之一。亲子活动一般力求在轻松活泼的氛围和生动有趣的参与式活动中体现幼儿园或教师的教育观念，幼儿园或教师会与家长进行有效的沟通，达成相互理解的目标。

亲子活动是家园共育的一种形式，它能有效促进幼儿的身心发展。生动有趣的亲子活动可以让家长与幼儿共同参与其中，能够更好地向家长传达幼儿园的教育理念和教师的教育观，从而促进教师与家长的良好沟通和相互理解。

一、园内亲子活动

园内亲子活动的意义有以下几点。

第一，帮助家长走进幼儿园，了解幼儿园的教育理念。

基于目前许多幼儿园办园有各自的特点以及家长自身工作忙碌的原因，许多家长无法深入了解幼儿园的教育理念和实施的各项活动对幼儿成长的意义。幼儿园提供的各项亲子活动，为家长提供了走进幼儿园的机会。家长通过亲身体验和参与更好地了解了幼儿的集体生活环境和一日生活，切身感受到了教师的教育行为，从而不仅可以增强对教师工作的认同，还能更好地理解幼儿园的教育理念。

第二，发挥家长的主观能动性，使他们由被动配合到主动参与。

大部分家长在家园共育活动中参与的积极性不高，处于传统的被动状态。亲子活动是每一位家长都要参与体验的，这种方式正好使得所有家长都有机会发挥主观能动性，促使家长由被动配合转变为主动参与。此外，亲子活动开展前，教师会将活动方案提前告知家长，让家长清楚活动的内容、流程，做好充分的思想、活动准备，保证参与亲子活动的效果。

第三，促进亲子关系的健康发展。

亲子陪伴是密切亲子关系的重要方式，高质量的亲子陪伴直接影响幼儿的心理发展、价值观念及今后情感关系的判断选择。然而有的家长却对如何陪伴幼儿玩耍、如何进行亲子间的有效互动感到力不从心。在教师精心设计的亲子活动中，家长的参与和亲子间的互动配合能给予幼儿自信心和安全感，促进亲子情感的不断加深，促进亲子关系的健康发展。

第四，搭建沟通桥梁，实现家园共育。

多种形式的亲子活动能让家长更加了解幼儿园的教育理念、教师的教育行为以及幼儿的活动情况，有益于家园共同进步，实现家园共育。亲子活动能帮助家长调整自己的观念和行为，配合幼儿园做好以后的工作；教师能及时得到反馈，进行反思和总结，为下一步工作打好基础；同时也便于家长之间进行交流沟通，彼此互相学习进步。

（一）园内亲子活动的组织方法、流程和要点

1. 组织方法

第一，结合幼儿身心发展的特点，明确亲子活动的目标。

第二，对家长的情况和需求进行调查分析，确定亲子活动的内容。

第三，制订详细的活动方案和安全应急预案，确保活动流程顺畅。

第四，在活动中要观察亲子间的互动，并做好活动过程的拍摄记录。

第五，倾听家长的感受，收集意见和建议，作为改进活动的参考。

2. 组织流程

第一，确定亲子活动的具体内容和地点。

第二，提前一周确定活动时间，并告知家长。

第三，指导家长参与具体的活动。

第四，发放家长反馈表，与家长交流参加活动的感受，收集意见。

3. 组织要点

第一，幼儿园的领导层建立亲子活动制度，确定一般活动流程。

第二，根据幼儿的年龄段安排相对应的活动时间。

第三，事前做好活动计划、家长会的提纲和具体内容，保证活动的有效性。

第四，活动结束后反思活动情况，做好总结。

（二）园内亲子活动案例

××幼儿园建园周年庆典彩排及正式演出方案

活动时间：

最后一次彩排：5月29日。

正式演出：5月30日。

活动时长：约1.5小时。

活动要求：

1. 工作人员的服装要求。

（1）全体工作人员穿玫红色短袖运动衣，深色长裤；园领导班子穿园服礼服。

（2）演出与协助的家长需佩戴有"协助家长"或"××节目组拍照"字样的工作牌。

2. 道具安排：位于餐厅。

需使用道具的节目有以下几个。

第1个：《相亲相爱》《Super Girl》。

第3个：《小青虫的梦》。

第5个：《中国龙》。

……

除《中国龙》的道具随演员上场外，其他节目的道具负责人于5月28日下班前把自己节目的道具编上号码，写清楚道具的内容与数量，整理成电子文档并交给××副园长。

3. 化妆间安排：

节目	化妆间地点	幼儿人数	安全负责人
《相亲相爱》《Super Girl》《最好的未来》	小四班睡室	16	
《中国龙》	小五班睡室	20	
……			

4. 人员安排：

活动总指挥：××	组织策划：××
安全及后勤负责人：××	现场调度：××
背景、舞台效果、防晒棚：外包 （××负责具体联络）	植树环节负责人：××
蛋糕准备：××	音乐播放：××
座席策划指挥、嘉宾的胸花与礼物、幼儿献的捧花、礼花、签名板、笔及场地安排：×× （××协助迎宾后到《兵娃娃》节目组协助） （××到礼仪组协助） （××协助负责陪同妇联领导）	现场录像及其制作；家长邀请函，各处标识，节目单、嘉宾座席名称，"家长协助""节目组拍照"工作卡的制作发放：×× （所有的印刷品均要在彩排前两天完成，每位来宾一份邀请函，家长协助人员每人一个工作牌，邀请函附上小节目单，大节目单两张，贴于上台口和候场区各一张）
舞台监督：上台口：××； 　　　　　下台口：××	化妆品购置与收发：×× （节目组每组2套化妆品，舞蹈队1大套，共12小套、1大套）
催场：××	拍照：××，电视记者2名 （每个节目组的负责教师安排一位家长拍照，拍照内容仅限于该节目，挂牌由××制作，负责人领取、发放）
检票员：××（一个幼儿一位家长；验接送卡、邀请函，每人共2份凭证）	主持人：××、小二班××爸爸、大二班××和××
道具摆放、撤下：××	礼花燃放：××
班级安排：每班保育员留班，分园每班另配一名教师	

5. 程序：

顺序	主要内容	责任人及工作内容
1	升旗仪式	××负责，××协助
2	园长致欢迎辞	××负责，××准备请柬
3	领导讲话	××准备请柬，××负责引导领导上台、回座 领导发言完毕后××负责撤掉讲台
4	领导与园长为有30年教龄的老教师颁发证书	××负责证书
5	××领导宣布庆典开始	××负责引导
6	幼儿节目（若干）	班主任及班级教师

顺序	主要内容	责任人及工作内容
7	教师节目	现场由××负责，指挥由××老师负责
8	幼儿节目（若干）	班主任及班级教师
9	宣布幼儿园建园30周年，切蛋糕	主持人宣布后，音乐起； ××推蛋糕到舞台中间； 园长切蛋糕时放礼花
10	谢幕	最后一个节目的演员留在台上，其他每个节目出2个小演员，着演出服装，上台谢幕并合影留念
11	种植纪念树	××负责。提示：请准备绑有红丝带的铁铲
12	给嘉宾赠送自制礼物 欢送离场	××负责

案例二：亲子拓展活动

"上阵父子兵" 亲子拓展活动

活动背景：

在幼儿成长的过程中，父亲的陪伴和教育的缺乏会拉远父亲与幼儿之间的距离。良好的亲子关系，需要更多的陪伴与沟通。亲子拓展是一种全新的体验式的活动方式。在悠闲的环境中，亲子拓展项目会让父子增进对彼此的了解，补充教育缺位，使他们互相信任。在强调参与性和互动性的基础上进行心理疏导、改善亲子关系，能创造出一个更健康的成长空间。

活动目的：

通过"上阵父子兵"海陆空亲子活动，让每位父亲都能学会关爱幼儿、陪伴幼儿、鼓励幼儿、锻炼幼儿，增进父子之间的感情，让幼儿感受到父亲刚强、独立、阳刚、勇敢的品质。父母的榜样力量是我们任何教师都无法替代的，要让每个幼儿都能学会正面、阳光、积极、向上地面对生活，体验亲子集体活动的乐趣。

活动形式： 亲子拓展运动、亲子游戏。

活动时间： 2016年12月23日上午9：30。

活动地点： ××幼儿园一楼操场。

活动主持： 两位教师。

适应年龄：3~6岁（小、中、大班全体幼儿）。

活动准备：

1. 活动会场布置（如图3-28所示）及氛围营造。

（1）制作父子兵加油海报（如图3-29所示）：发挥创意，体现活动特色，形式多样（喷绘、手绘、手工、瓶贴等），鼓励家长制作（家长为各自的幼儿制作）。图3-30展示了喷绘人偶。

（2）横幅。

例如："上阵父子兵勇敢一起拼""上阵父子兵运动我最行""爸爸是我的榜样""爸爸是我心目中的大英雄"。

2. 制定口号：以各班级为单位，每班制定一个口号，口号要求响亮、积极向上、朗朗上口、有气势，幼儿和家长要熟练。

3. 幼儿队列训练：立正、稍息、原地踏步、站姿展示。

（要求：整齐，幼儿对走场熟练、熟悉口令，回应时声音响亮）

4. 服装准备：小班海军服装、中班空军服装、大班陆军服装。

活动流程：

1. 开幕式。

（1）国旗队入场（如图3-31所示）。

（2）运动员入场（爸爸与幼儿，如图3-32、图3-33、图3-34所示）。

（3）园长讲话。

（4）幼儿代表宣誓（如图3-35所示）。

图3-28　活动会场布景

图3-29　活动海报

图3-30　喷绘人偶

图3-31　爸爸国旗队入场

图3-32　"陆军"运动员入场

图3-33　"空军"运动员入场

图3-34　"海军"运动员入场

（5）家长代表宣誓（如图3-35所示）。

2. 主会场亲子拓展运动分组。

第一组：小一、小二、小三、小四、中一、中二。

第二组：中三、中四、中五、大一、大二、大三。

亲子拓展运动内容如下。

第一，大会操"上阵父子兵"（3分钟，如图3-36所示）。

第二，"我说你做"（2分钟，如图3-37所示）。

第三，集体游戏"滑溜布"（5分钟，如图3-38所示）。

图3-35　大小父子兵代表宣誓

图3-36 上阵父子兵

图3-37 我说你做

图3-38 滑溜布

图3-39 拱门钻爬

第四，集体游戏"拱门钻爬"（5分钟，如图3-39所示）。

第五，放松（1分钟）。

3. 分会场亲子游戏。

（1）分会场以年级为单位，每班设置一个游戏，以亲子游戏为主，充分调动家长和幼儿参与的积极性，促进良好的亲子关系的形成，营造欢乐的气氛。

（2）各班制作亲子游戏规则的主题板，于布置场地时放好。

温馨提示：

1. 请参与亲子拓展运动的家长和幼儿穿好统一的服装，准时到班级报到，配合教师的安排，排队准备入场。

2. 活动过程中请密切关注幼儿的安全及身体状况。

3. 团体游戏时请听从主持人的口号、指令。

4. 请各班在各自的指定区域内休息，观看活动。

"爱在××"献爱心跳蚤市场活动方案

活动背景：

"爱在××"之爱心义卖活动，是××幼儿园传统的爱心公益活动，旨在让幼儿在活动中，学会交流、合作、关心他人、帮助伙伴，培养其表达能力、组织能力、应变能力、理财能力，提高幼儿参与社会实践活动的能力。经考察、研究、商议，幼儿园最终决定将本次活动的善款捐赠给大米和小米健康教育基地的自闭症儿童，为其提供教育资源。同时，这次活动也让我园的幼儿有更多的机会去关心、帮助有需要的特殊儿童，从小学习懂得为别人做力所能及的事，使别人获得快乐，自己也从中获得快乐，从而发展幼儿良好的心理品质与人格。

活动目的：

1. 增进亲子间的情感交流，使亲子双方体验到家庭间的互动带来的乐趣，同时也能感受到帮助他人的快乐。

2. 让幼儿了解举办跳蚤市场的意义，促进幼儿的社会性发展，使他们能主动、大胆地与人交往，在买卖过程中能正确使用礼貌用语。

活动形式：亲子互动。

活动时间：2017年4月7日至6月30日每周五15：20—15：50。

活动地点：××幼儿园一楼大操场。

活动主持：两位教师。

适应年龄：3～6岁（小、中、大班全体幼儿）。

活动准备：

1. 第一次筹备会议：××幼儿园家委会代表经过讨论确定了本届爱心义卖活动以跳蚤市场的形式进行，并对资金管理、善款去向等展开研讨，确定方案。

2. 第二次筹备会议：幼儿园和家委会最终考察研究确定，与深圳市大米和小米健康教育基地建立联系，此次筹得的资金将为该基地的自闭症儿童提供物资帮助。

3. 各班提前安排好班级义卖分组工作，并向幼儿和家长宣传爱心义卖活动。

4. 请家长与幼儿在家制作买卖海报和价签，做好市场宣传。

5. 活动当天家长提前20分摆设摊位，幼儿和家长需统一服装，分别穿园服、义工服。

6. 做好安全教育工作，提醒幼儿和家长准备零钱，买卖有序、谦让，注意礼仪、文明。

7. 后勤协助：悬挂横幅、彩旗。

8. 活动共设12个摊位（每班设1个摊位，每个摊位最多3个家庭参加，可采用轮流制）。

（1）摊位商品种类：玩具、图书、学习用品等。

（2）商品价格：据实际情况自定。

（3）自创特色摊位：野餐布或地垫、特色创意叫卖、特色招牌、自创广告宣传语（如图3-40所示）等。

9. 跳蚤市场开市前准备（每周五14：40—15：00）：承担摊位的家长在教师的引导下协助幼儿在指定区域内摆好摊位（摆摊家长分时段入园准备：大班15：00，中班15：10，小班15：20）。每周的活动需各年级派出一位教师在现场引导或协助。

活动流程：

1. 开业典礼（4月7日下午15：20）。

（1）请各班家长和幼儿在操场集中，参加开业典礼。

（2）主持人致开场词。

（3）家长和幼儿一起观看庆跳蚤市场开业舞蹈表演。

（4）主持人宣布"爱在××"献爱心跳蚤市场正式开业（如图3-41所示）。

图3-40 摊位宣传广告

图3-41 跳蚤市场开业

2. 爱心跳蚤市场营业。

（1）营业时间：每周五15：20—15：50。

跳蚤市场的现场如图3-42和图3-43所示。

（2）收市时间：每周五15：50。

（3）颁发爱心奖状：给本期承担摊位的幼儿和家长颁发爱心奖状（如图3-44所示）。

（4）请家长收市后统计好今日收支，并请班级家委会成员做小结记录，将当次爱心款装入信封，写好相关信息，再投至幼儿园捐款箱。

（5）结束后，各班家长清理各班摊位区域的卫生。

3. 跳蚤市场闭幕（6月30日15：10）。

（1）请各班家长和幼儿在操场集中，参加爱心跳蚤市场闭幕式。

（2）主持人致开场词。

（3）家长和幼儿一起观看闭幕式舞蹈表演。

（4）主持人宣布"爱在××"献爱心跳蚤市场圆满落幕。

4. 爱心捐赠：给深圳市大米和小米健康教育基地捐赠爱心物资和善款。

温馨提示：

1. 请家长和幼儿一起将欲捐赠的物品（玩具、图书等）整理出来，消毒、擦洗干净，确保安全、卫生。

2. 家长可与幼儿一起策划具有自己特色的摊位广告牌、推销用语，培养幼儿大胆与人沟通、交流的能力。

图3-42　跳蚤市场现场

图3-43　跳蚤市场现场

图3-44　颁发爱心奖状

3．大班幼儿可学习认识钱币，学习加减，体验买、卖市场商品的真实过程。

4．提前准备好零钱包，买、卖商品时家长指导幼儿完成交易。

5．本活动设置的商品价格需适中，所得款项将捐赠给慈善机构。

6．请自备摆摊所需的地垫、报纸或塑料布。

7．活动过程中家长要密切关注幼儿的安全及身体状况。

附件：

"爱在××"献爱心跳蚤市场活动轮值表

	日期	人员安排	摊位品种	备注
1	4月7日（第一场）			
2	4月14日（第二场）			
3	4月21日（第三场）			
4	4月28日（第四场）			
5	5月5日（第五场）			
6	5月12日（第六场）			
7	5月19日（第七场）			
8	5月26日（第八场）			
9	6月2日（第九场）			
10	6月9日（第十场）			
11	6月16日（第十一场）			
12	6月23日（第十二场）			
13	6月30日（第十三场）			

活动注意事项：

1. 活动地点是一楼大操场，4月7日正式开业，6月30日结业

2. 活动时间是每周五15：20—15：50（第一场入场时间为15：10）

3. 当天承担摊位的家庭15：00到场，提前布置好摊位

4. 名字标记成红色的为小组组长

5. 为增进亲子之间的情感交流，促进幼儿的社会性发展，要让幼儿在买卖过程中主动大胆地与人交往，且使用礼貌用语。各小组之间应秉着团结、合作的精神相互沟通交流，共同完成

案例四：节日亲子活动

××幼儿园"三月浓情天，感恩三八节"亲子活动方案

活动背景：

每年的3月8日是国际妇女节，又称三八节，是世界各国妇女争取和平、平等的节日。对于幼儿来说，三八节是妈妈的节日。为了让幼儿更加了解妈妈、关心妈妈、体恤妈妈，我们抓住这一时机，开展了三八节爱妈妈活动，让幼儿学会表达对妈妈的爱。

活动目的：

1. 通过三八节活动，让幼儿更加了解三八妇女节的含义，教育幼儿热爱、尊重妈妈。

2. 通过活动，增进母子（女）之间的感情交流，使他们体验到活动的乐趣。

活动形式： 亲子游戏、手工制作。

活动时间： 3月8日。

活动地点： ××幼儿园三楼音乐厅。

活动主持： ××老师。

活动准备：

1. 音乐准备：《妈妈我爱你》《感谢》等。

2. 环境准备：展示我和妈妈的故事、《我的妈妈》调查表、横幅。

3. 《我从哪里来》PPT。

4. 手工花材料：鲜花（兰花、粉水晶、红豆、高山羊齿叶）、丝带结、胶带等。

5. 游戏道具：呼啦圈5个、爱心抱枕3个。

活动流程：

1. 活动开场：欢迎妈妈入场，播放PPT。

2. 说一说今天是谁的节日，如何感谢妈妈。

3. 观看《我从哪里来》PPT，感受生命的伟大、妈妈孕育的辛苦。

4. 说说我的妈妈。

（1）从外形特征、工作、爱好等方面进行引导。

（2）我可以为妈妈做件事儿：我为妈妈端水、捶背，我给妈妈洗脚，

我为妈妈制作一份礼物。

5. 手工花制作：分小组讲解如何制作。

步骤一：拿好主花——兰花。

步骤二：将配花——粉水晶、红豆、高山羊齿叶分别装饰在主花的周围，根据自己的喜好进行搭配。

步骤三：用胶带将其捆紧。

步骤四：将丝带花结绑在小花束上；胸花就将花结用胶带捆在小花束上，再绑上胸针。

6. 亲子游戏。

（1）爱的传递。

玩法：每班10组家庭，以班级为单位站成3纵队（按先大人后幼儿的顺序），游戏开始后每队把爱心依次从队头传到队尾，速度快的队为胜利队。

（2）抢山头。

玩法：10组家庭，家长拉着幼儿的手，听音乐有节奏地绕场走，当音乐停止时，家长带着幼儿站到一个呼啦圈内，没站到圈内者淘汰。

7. 献花环节。

播放歌曲《感谢》，幼儿给妈妈献花。

8. 合影留念。

案例五：节日亲子活动

"爱与陪伴"六一文艺汇演活动方案

活动背景：

六一儿童节是幼儿盼望已久的节日。爸爸妈妈用他们的歌声和舞姿来表达自己对幼儿的爱，陪伴幼儿度过一个快乐且富有意义的节日。

活动目的：

1. 让幼儿体验与父母一起参与活动的乐趣，营造快乐的六一氛围。

2. 增进家园互动，促进家长与幼儿园、家长与幼儿、家长与家长之间的沟通与交流，让家长进一步知道爱与陪伴的重要性，进一步培养幼儿健全的心理品质。

活动形式：文艺晚会。

活动时间：2017年5月27日18：30。

活动地点：××幼儿园礼堂。

活动主持：××老师、幼儿家长。

适应年龄：3~6岁（小、中、大班全体幼儿）。

活动准备：

1. 活动负责人组织相关人员（教师、家长）分组讨论演出形式、内容。

2. 活动物资的预算及申请。

3. 各年级开会，根据讨论结果确定本年级所负责的活动的形式、内容，并确定排练的时间、场地，活动小组根据年级会议内容落实具体方案。

4. 落实舞台的搭建、物资的收集和购买。

5. 节目准备。

（1）大班年级：家长舞蹈、魔术、幼儿舞蹈。

（2）中班年级：家长舞蹈、童话剧、幼儿舞蹈。

（3）小班年级：家长舞蹈、小品、幼儿歌舞。

（4）家委会：杂技表演。

（5）中场节目：小丑滑稽表演（玩游戏、发气球等），活跃现场气氛。

6. 活动所需音乐的确定及编排，节目的审查及彩排。

7. 制订并落实六一活动的环境布置方案。

活动流程：

1. 主持人出场。

2. 园长寄语。

3. 幼儿代表及家长代表讲话。

4. 节目表演。

（1）开场舞蹈《Happy Girl》。表演者：大班幼儿；指导教师：××老师、××老师。

（2）童话剧《白雪公主》。表演者：中、小班家长；指导教师：××老师。

（3）舞蹈串烧《广播体操》。表演者：大班家长；指导教师：××老师、××老师。

（4）魔术《魔术表演》。表演者：神秘嘉宾；指导教师：××老师。

（5）歌曲《爱与陪伴》。表演者：小班幼儿、家长；指导教师：××

老师、××老师。

（6）太极表演《太极中华》。表演者：××老师；推荐节目人：中三班××爸爸。

（7）舞蹈《健康拳击操》。表演者：中、小班家长；指导教师：××老师。

（8）童话剧《小兔乖乖》。表演者：小班家长；指导教师：××老师、××老师。

（9）舞蹈《十一点半》。表演者：中班幼儿；指导教师：××老师。

（10）舞蹈《阿拉伯之夜》。表演者：小、大班家长；指导教师：××老师。

5. 演出结束，谢幕。

温馨提示：

1. 所有彩排演员上午9：15就位，各节目指导教师负责安排好自己的节目演员的一切事宜。

2. 候场安排。

（1）所有演员在台下按节目就座，第一个节目演出时，第二个节目的演员在音响室门口候场，第三个节目的演员在四楼操场候场。

（2）上下场的方位：演员面向舞台右上左下。

（3）前一个节目的演员下场的同时后一个节目的演员上场。

（4）正式演出时演员到中四班候场，为了保证演出的顺利进行，请各节目的指导教师负责组织好节目演员，遵守演出纪律。

3.《阿拉伯之夜》的所有演员、××老师节目的10个幼儿及其他节目各选的2名主要演员谢幕，安排如下。

（1）参加谢幕的幼儿站成一排。

（2）所有谢幕的演员在倒数第二个节目演出时前往四楼操场候场，待最后一个节目演出完后随主持人一起上场谢幕（谢幕演员由××老师负责组织）。

4. 带妆彩排要求：除外租衣服和外请节目以外，其他节目的演员带妆彩排。

5. 演出结束后，所有指导教师和舞台工作人员召开现场会议。后勤人员准备开会所用的水和纸巾。

附件：

六一文艺汇演活动安排

时　　间		内　　容	负责人、协助人员
（第十周） 4月17日—21日	4月20日（星期四）	家长分组讨论演出形式、内容	各班主任
	4月21日（星期五）	活动的物资申请	后勤园长、各年级级长
（第十一周） 4月24日—28日	4月24日（星期一）	各年级开会，根据讨论结果确定本年级活动的形式、内容，并确定排练的时间、场地	年级级长
	4月25日（星期二）	活动小组根据年级开会的内容落实具体方案	××老师、××老师、××老师
	4月26日（星期三）	落实舞台的搭建	后勤园长、××老师
		物资购买、收集	后勤采购部
	4月27日（星期四）	节目准备 大班年级——家长舞蹈、魔术、幼儿舞蹈 中班年级——家长舞蹈、童话剧、幼儿舞蹈 小班年级——家长舞蹈、小品、幼儿歌舞 家委会——杂技表演 中场节目——小丑滑稽表演（玩游戏、发气球等），活跃现场气氛	节目审核：××老师 年级级长 节目负责人
	4月28日（星期五）	确定音乐及编排	××老师、节目负责人
（第十二周） 5月2日—5日	5月5日（星期五）	节目初查	××老师
（第十三周） 5月8日—12日	5月8日（星期一）	文艺演出的物资申请	年级级长
	5月9日（星期二）	物资购买	后勤采购部
	5月10日（星期三）	落实六一活动的环境布置方案	××老师、××老师
	5月11日（星期四）	年级级长、环境小组15：00在音体室召开大型活动小组会议	××老师
	5月12日（星期五）	节目第二次检查	××老师
（第十四周） 5月15日—19日	5月15日（星期一）	检查服装、道具	××老师
	5月19日（星期五）	节目第三次检查	××老师

续表

时间		内容	负责人、协助人员
（第十五周） 5月22日—27日	5月23日（星期二）	节目走场	××老师、××老师、××老师
	5月24日（星期三）	第一次彩排	××老师、××老师、××老师
	5月25日（星期四）	第二次彩排（待定）	××老师、××老师、××老师
	5月26日（星期五）	布置场地	后勤、家长义工、××老师、××老师
	5月27日（星期六）	六一文艺汇演	××老师、××老师、××老师

案例六：节日亲子活动

"庆中秋　月饼DIY"亲子活动

活动背景：

临近中秋节之际，结合中秋节的风俗习惯，本班有效利用家长资源，开展"庆中秋　月饼DIY"亲子活动，旨在弘扬中国传统文化，激发幼儿的爱国情怀，同时培养幼儿的动手能力，促进他们肌肉的发展，使他们体验劳动带来的成就感，并促进亲子间的亲密互动，让家长和幼儿感受幼儿园大家庭的温暖与亲情。

活动目标：

1. 知道农历八月十五是中秋节，了解中秋节的来历、传说、习俗。

2. 让幼儿积极参与月饼的制作，在听、做、玩、唱中，体验节日的快乐，感受中国的文化习俗。

3. 在亲子合作制作月饼的过程中，增进亲子间的情感交流，使他们共同体验劳动与收获的乐趣。

活动形式：亲子烹饪、亲子表演。

活动时间：周六上午。

活动地点：幼儿园大音乐厅。

活动主持：家委会主任及班主任。

适应年龄：5~6岁。

活动准备：

1. 和班里专业制作西饼的家长商量所需材料及购买事宜。

2. 制作电子邀请函并将它发送到班级群里，统计参加活动的人数。

3. 准备制作月饼所需的材料：模具一家1个，豆沙馅5斤、莲蓉馅5斤、冰皮粉10斤、鲜奶6000毫升；一次性桌布10张、一次性手套每人1对，矿泉水每人1瓶；月饼盒50套。

4. 准备中秋节习俗介绍视频，以及《爷爷为我打月饼》《花好月圆》《春江花月夜》等相关音乐。

5. 家长准备故事《嫦娥奔月》。

6. 准备活动背景PPT及音乐、麦克风。

活动流程：

1. 活动前的准备及场地布置。

（1）家委会的家长们提前半小时到达幼儿园，准备活动材料。

（2）进行场地布置：把桌椅摆放好，铺上桌布，并给桌面消毒。

（3）在糕点师家长的指导下调配好馅料和冰皮粉。

（4）引导参与活动的家长和幼儿入座。

2. 教师介绍中秋节的传统习俗，激发幼儿参与活动的兴趣。

（1）师幼共同演唱《爷爷为我打月饼》，引出活动主题——"庆中秋月饼DIY"。

（2）教师以问题引发幼儿对中秋节风俗习惯的好奇与兴趣。

例如，教师可以问："小朋友，你们知道中秋节是哪一天吗？中秋节的月亮与平时有哪些不一样？中秋节有哪些风俗习惯呢？关于中秋节的神话故事有哪些？"

（3）请幼儿欣赏中秋节习俗介绍视频，了解祖国各地庆祝中秋节的传统民间习俗。

（4）请家长讲述神话故事《嫦娥奔月》，感受古代的人们对月亮与中秋的美好想象。

3. 亲子制作月饼。

（1）家长和幼儿洗手，戴上一次性手套。

（2）请糕点师介绍制作冰皮月饼所需的材料，并结合PPT示范月饼的制作方法：搓馅料—将搓好的冰皮压扁—将馅料包进冰皮—将包好的材料放入模具—压制成型。

（3）播放《春江花月夜》《花好月圆》等背景音乐，家长和幼儿一起动手制作月饼（如图3-45所示），糕点师进行个别指导，教师用相机记录活动中的家长和幼儿。

4. 分享品尝月饼。

（1）幼儿可以互相欣赏制作好的月饼，彼此分享品尝各自的劳动成果。

（2）参与活动的全体家长和幼儿捧着自己制作的月饼合影留念（如图3-46所示）。

图3-45　家长和幼儿一起制作月饼

图3-46　展示自己制作的月饼

5. 活动结束后，请家长、幼儿一起收拾和整理场地。

案例七：主题晨会活动

"我长大了"主题晨会

活动背景：

幼儿已进入大班的第二个学期，四个月后即将毕业，离开幼儿园，成为一名小学生。大一班幼儿现在能够独立完成自己的任务，同伴间会相互关心、相互帮助、乐于合作、善于分工，在生活方面的自理能力增强。幼儿都说："我们长大了，要学会关心弟弟妹妹了！"因此，教师设计了"我长大了"主题活动，让幼儿自己说说"长大"表现在哪些方面，从礼仪礼貌、待人接物、同伴相处、独立工作等方面进行讲述，证明自己长大了。

活动目的：

1. 让幼儿大胆表达，锻炼口头表达能力。

2. 跟同伴分享长大了的乐趣，提高社会交往能力。

3. 愿意跟家长一起表演。

活动形式：朗诵及歌唱表演。

活动时间：2017年3月27日。

活动地点：深圳××幼儿园一楼操场。

活动主持：刘××、潘××、陈××、姚××小朋友。

适应年龄：5~6岁（大班幼儿）。

活动准备：音乐、家长服装、幼儿礼服。

活动流程：

1. 前期准备。

（1）班级的两位教师根据幼儿刚回到幼儿园的情绪状态，结合大班主题"我长大了"，组织幼儿讨论：上大班后我学到了哪些本领，长大了的我跟上中、小班时有什么不同，在家里我会自己完成什么工作，会帮爸爸妈妈做什么事情，入小学前要做好什么准备，等等。根据幼儿的回答，整理出朗诵词。

（2）组织幼儿练习小旗手入场以及自我介绍，并督促家长回家辅导。

（3）组织幼儿参与朗诵练习，注意发音准确，情感表达到位，声音调控得当，充分表达出幼儿自己的心声。

（4）请家长抽时间来园参加排练，学习舞蹈动作。

2. 过程。

（1）小旗手候场准备，小演员和家长在舞台一侧等候。

（2）入场音乐响起，小旗手大踏步入场，走向旗杆（如图3-47所示）。

（3）护旗组的三位小旗手走到旗杆下。

（4）小旗手听国歌，甩旗，立正，目视国旗冉冉升起（如图3-48所示）。

（5）礼毕，小旗手走到舞台中间。

（6）主持人出场，介绍本次升旗的班级和主题"我长大了"。

（7）主持人请小旗手做自我介绍（如图3-49所示）。

（8）小旗手退场，主持人介绍本班幼儿的表演内容。

（9）音乐起，朗诵者有感情地朗诵《我长大了》（如图3-50所示），学

图3-47　小旗手入场　　　　图3-48　升国旗，奏国歌　　　　图3-49　小旗手做自我介绍

图3-50　朗诵《我长大了》　　　　　　　　图3-51　亲子表演《爱与陪伴》

会了很多本领，感谢爸爸妈妈的哺育成长，感谢教师的教育和陪伴。幼儿集体宣誓"我长大了"。

（10）幼儿和爸爸妈妈一起表演《爱与陪伴》（如图3-51所示）。

（11）在温暖的音乐声中主持人宣布晨会结束，幼儿有序回到班级。

温馨提示：

1．幼儿提前背诵台词，声音响亮，表达清楚。

2．表演的幼儿和家长准备好服装。

3．家长提前排练，熟悉音乐和舞蹈动作。

4．所有参与表演的人在晨会开始前准时到位。

案例八：主题晨会活动

"亲子故事表演"主题晨会

活动背景：

故事是幼儿成长历程中不可缺少的亲密伙伴，它像阳光雨露，滋润着幼儿的梦想。但是，有些幼儿最初并不是那么喜欢读书，也有很多家长没有陪同幼儿阅读的习惯。针对这些情况，我园特开展"亲子故事表演"主题晨会活动，提出了"经典故事、亲子演绎、精彩讲述、快乐成长"的活动要求，让家长和幼儿在故事表演中共同绽放精彩，让幼儿更喜爱阅读，更能深刻理解故事，营造书香校园、书香家庭。

活动主体：全园幼儿。

活动目的：

1. 引导幼儿与经典好书交朋友，让幼儿感受故事的魅力，营造亲子阅读氛围，使幼儿与家长体验亲子读书的快乐。

2. 为幼儿创设一个想讲、敢讲、喜欢讲、有机会讲并能得到积极回应的环境，给幼儿提供一个锻炼和展示自我的舞台。

3. 充分发掘家长的教育资源，增强家长的读书意识和对早期阅读重要性的认识，增进家园互动。

活动形式：亲子故事表演。

活动时间：周一上午9：00。

活动地点：幼儿园大操场舞台。

活动准备：

1. 故事准备：向家长发出"亲子故事表演"活动倡议，并在班级中先进行选拔，每班推荐一组选手参加园内的亲子故事表演。

2. 服装道具准备：故事角色表演的服装和道具，舞台背景设计、场地布置，音箱、话筒、无线耳麦等设备的准备等。

活动主持：××老师。

适应年龄：3~6岁。

活动流程：

1. 亲子故事准备。

（1）幼儿园向家长发出"亲子故事表演"活动倡议，号召家长积极参与亲子故事表演，鼓励家长和幼儿多人组队，选择3~5分钟的经典故事，由家长统筹策划表演内容、展现方式，力求创新、生动、艺术、有趣。

（2）各班以班级为单位组织亲子故事表演活动。

（3）由班级家委会与教师共同推荐一组表现优秀的选手参与园内故事表演活动。

（4）各班教师对选出的亲子故事进行语音语调、表情动作、服装道具等方面的指导。

2. 亲子故事主题晨会活动。

（1）主持人开场介绍童话故事的魅力和举行本次活动的意义。

（2）主持人根据故事内容串词，以激发幼儿对故事的兴趣，并通过提出一些问题，让幼儿思考回答，加深幼儿对故事内容的理解，引发幼儿对故事所蕴含的道理的感悟。

例如，教师可以如下文这样说。

① "有一朵神奇的花，它有彩虹色的花瓣，接下来用掌声有请××班的宝贝给大家带来的故事《彩虹色的花》。"

② "宝贝们，你们知道毛毛虫饿了会怎么样吗？有请××班的宝贝来告诉你们，请听故事《饥饿的毛毛虫》。"

③ "今天有三只小猪要盖房子，它们会搭建出什么样的房子呢？让我们一起来听听××班的宝贝给我们带来的《小猪盖房子》。"

④ "今天我们幼儿园来了一只小猫，它可不是普通的小猫哦！它是小猫公主！有请××班的宝贝带来的故事表演《小猫公主》。"

⑤ "在动物王国里老虎可算是大王了，可大王也是有烦恼的。听说今天有小动物给它拔牙呢！有请××班的小朋友为我们讲一讲这老虎拔牙的故事吧！"

⑥ "每个小动物都想找到一份喜欢的工作，接下来请欣赏××班的宝贝带来的故事《小象消防员》。"

亲子故事表演的场景如图3-52所示。

（3）结束部分。

教师："一个好的故事，就是一块甜甜的巧克力，融化在我们的心中；听一个好的故事，就像做一场美梦，让我们回味无穷。让我们用热烈的掌

图3-52　亲子故事表演

声对爸爸妈妈们和小朋友们的精彩表演表示感谢！谢谢大家的辛勤付出和精彩表演！本次主题晨会到此结束！再见!"

活动小结：

在"亲子故事表演"主题晨会活动中，参与表演的幼儿表现落落大方，动作惟妙惟肖，表情形象丰富，从各个方面反映了幼儿健康活泼、蓬勃向上的精神风貌。本次活动为幼儿提供了一个展现自我、提高语言表达能力的舞台，也使幼儿收获了和父母合作表演带来的自信和愉悦，增进了亲子感情。幼儿也从生动有趣的故事中懂得了许多道理，在轻松欢快的氛围中得到了引导和启迪，感受到了快乐。

案例九：亲子阅读活动

"感受亲情，快乐阅读"亲子阅读活动

活动背景：

亲子阅读在提高幼儿语言表达、审美、想象等诸多能力的同时，还在健全幼儿人格、丰富幼儿情感体验、培养幼儿良好习惯等方面发挥着重要作用。对于学前幼儿来讲，阅读方式以亲子绘本阅读最佳，这不仅是幼儿吸收知识的主要途径，还是一种对幼儿情感需求的满足，它的最大目的就是让幼儿快乐、感动、宣泄，在零压力的情况下，带着好奇、兴奋的心情，融入绘本的故事情境。班级家委会深感亲子阅读对幼儿成长的重要助力，前期对深圳的一些专业及公益性的阅读组织进行多方了解，联系到深圳三叶草故事家族，他们可以来园进行专业的亲子故事会活动，并且活动后还会与家长沟通交流一些亲子阅读的问题。为此，我班精心筹备了以"感受亲情，快乐阅读"为主题的亲子阅读活动。

活动目标：

"感受亲情，快乐阅读"是三叶草亲子阅读活动的终极目的。在亲子阅读绘本时，幼儿看着精美的图画，听着爸爸妈妈的声音，很快就会将自己融入绘本的角色中。亲子绘本阅读的本质，就是让幼儿找到快乐，找到解决问题的方法，同时，亲子阅读还可以让幼儿深切地体会到父爱、母爱的温暖，让亲子关系更加融洽。

活动形式：亲子阅读。

活动时间：周五上午10：00—11：30。

活动地点：幼儿园音乐厅。

活动准备：

1. 物质准备：绘本PPT、绘本故事书、轻柔的音乐、各种手工彩色纸、剪刀、胶水、彩笔。

2. 经验准备：幼儿准备一个自己熟悉的故事。

活动主持：三叶草主持人（月亮姐姐、草莓姐姐）、班级教师。

适应年龄：4~6岁。

活动流程：

1. 活动介绍。

（1）教师向大家介绍三叶草主持人月亮姐姐和草莓姐姐。

（2）主持人介绍三叶草亲子阅读的活动过程（如图3-53所示）。

2. 幼儿讲述绘本故事。

请幼儿在听众面前做自我介绍，并向大家讲述自己熟悉和喜爱的绘本故事，幼儿仔细听故事的场景如图3-54所示。

3. 三叶草主持人围绕绘本故事《粉红色的靴子》，开展讲述、表演、美工制作等活动。

（1）草莓姐姐用优美舒缓的声音声情并茂地为幼儿讲述，与幼儿互动（如图3-55所示）。

（2）幼儿说说自己喜欢的绘本中的角色，并进行模仿扮演，想象角色的表情及声音的变化，学说绘本中角色的对话。

4. 亲子合作表现故事情境。

（1）幼儿与爸爸妈妈用绘画、剪贴画等方式，把自己最喜欢的绘本中

图3-53　月亮姐姐介绍怎样进行亲子阅读

图3-54　幼儿仔细听故事

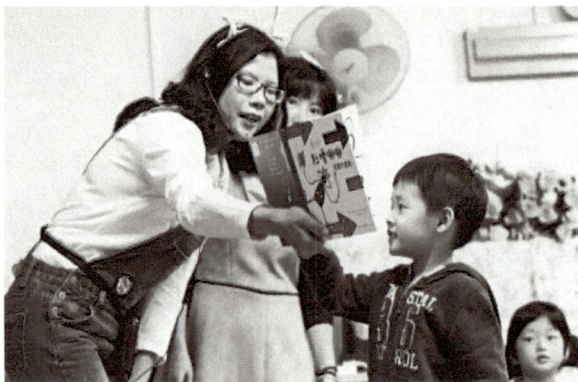

图3-55　幼儿与草莓姐姐互动

图3-56　亲子合作表现故事情境

的故事情境表现出来（如图3-56所示）。

（2）请幼儿分享自己的亲子作品，说说亲子创作的过程、方法、所表现的情境以及选择这个情境的原因。

5. 参与活动的幼儿、家长一起合影留念。

活动小结：

在三叶草亲子阅读活动中，幼儿能认真聆听绘本故事，大胆回答主持人的问题，并勇于在集体面前分享自己的阅读故事。通过与爸爸妈妈的亲密交流，幼儿能感受亲情，乐在其中。同时，这次活动也让家长充分认识到了早期阅读的重要意义，感受到了亲子共读的魅力，把陪伴幼儿阅读当作一种习惯、一种享受。

案例十：亲子阅读活动

"妈妈故事团"活动策划与开展

活动背景：

推广早期阅读，可以帮助幼儿从小爱上阅读，养成良好的阅读习惯，也可以有效地促进家园共育工作，帮助幼儿创建阅读环境，让更多的家长理解到阅读的重要性，陪伴幼儿阅读。由于小班幼儿年龄较小，词汇量及语言表达能力欠缺，因此，为锻炼幼儿的表达能力，幼儿园每周都会请妈妈进课堂为幼儿表演小故事。

活动目的：

1. 通过活动加强幼儿园与家长之间的联系，把阅读信息、阅读理念更直接地传递给每一位家长，使每一位家长重视阅读，使幼儿爱上阅读。

2. 通过妈妈进课堂，让幼儿产生一种亲切感，并通过幼儿复述妈妈所讲的故事的大致内容，锻炼幼儿的表达能力，培养幼儿的自信心。

3. 妈妈故事团将持续开展多种活动，将阅读推广到每个家庭当中，让家长重视阅读，让幼儿养成阅读的习惯。

活动形式：家园结合。

活动时间：周五上午。

活动地点：班级教室。

活动主持：参与活动的家长。

适应年龄：5岁。

活动准备：选择故事、背熟故事、制作PPT、准备表演道具和服装。

活动流程：

1. 教师确定活动主题与目标。

在前期组织好幼儿的绘本阅读教学、图书区阅读以及在家庭中开展图书漂流的基础上，充分利用家长资源，组织妈妈故事团。

（1）倡议家长自愿报名，定期走进课堂，与幼儿一起感受阅读的快乐。随着活动的开展，他们还将与家长一起对故事的内容和形式等进行大胆的探索尝试，使活动真正成为实施班级阅读课程的有效形式。

（2）召开家委会会议，与家长商量并制订计划与方案。

2. 教师告知家长活动时间、地点。

家长倡议书

亲爱的家长们，咱们班的妈妈故事团下周五就要正式启动了！以后活动都在每个周五的上午10点开始，一次可以请1~2个妈妈，讲的故事内容不限，最好是绘本，如果有PPT，那就更好了，讲完后顺便把故事书留下送给班级，也可以带些小礼物、小奖品跟小朋友分享。想要报名的就找××妈妈。

各位家长们抓紧时间参与吧！在这里，您可以随意地扮成公主、王子、各路神仙、海陆空一切动物，表演故事、读故事、用PPT讲故事都可以。

××班家委会

××妈妈、××妈妈、××妈妈、××爸爸

3. 附加报名表格。

小二班第一学期周五故事爸妈

序号	日期	故事爸妈	故事名称	讲述方式	备注
1	10月23日	淇淇妈妈	彩虹色的花	绘本	
		道道妈妈	是谁嗯嗯在我的头上	绘本	
		为为妈妈	我不跟你走	绘本	
2	10月30日	凝凝妈妈	小绵羊生气了	手偶	
		欣欣妈妈	小猪变形记	绘本	
3	11月5日	幼儿园教研	后延		
		幼儿园教研	后延		
4	11月13日	程程妈妈	神奇的勇敢石	绘本	
		凝凝妈妈	织毛线的多多	手偶、绘本	
5	11月20日	辰辰爸爸	菲菲生气了	故事表演	
		龙龙妈妈	我的颜色旅行	PPT	
6	11月27日	涵涵爸妈	一寸虫	PPT	
		越越爸妈	长颈鹿不会跳舞	PPT	
		……			

4. 妈妈故事团递交计划书。

妈妈故事团计划书

主题：亲爱的动物园

时间：10月16日10：30—11：00

地点：××班教室

参加人员：××妈妈（主讲）、××（摄影）、××（多媒体操作）

道具：动物头饰（50份，已全部打开包装散味道）及动物主题绘本

第一环节　猜猜我是谁？

播放PPT，通过动物谜语、动物图片、动物叫声介绍5种动物，讲解每种动物的特征（穿插提问）

第二环节　绘本故事分享

播放PPT，讲解《动物绝对不应该穿衣服》绘本

第三环节　动物好朋友见面会

请教师帮忙分组，给每个幼儿佩戴动物头饰，让教室变成动物园！

组织幼儿玩动物主题的游戏

案例十一：迎新生亲子活动

××幼儿园欢迎你，小×班欢迎你

活动背景：

从家庭进入幼儿园，是幼儿走向社会的第一步。幼儿园的环境、教师等对他们来说既陌生又新奇。新生入园，不仅是幼儿不适应，很多家长也受不了分离时幼儿的大哭大闹，担心幼儿在幼儿园里的种种不适应。因此，教师设计了入园前的亲子活动，通过自我介绍、亲子手工、亲子游戏等，提前让家长带着幼儿熟悉幼儿园环境，使幼儿熟悉教师，对教师产生信任，帮助幼儿尽快适应幼儿园的生活，做好心理上的各种准备，同时也让家长放心，尽快建立良好的家园合作关系。

活动目标：

1. 通过一系列入园前的亲子活动帮助幼儿和家长熟悉班级环境和教师，促使幼儿喜欢上幼儿园。

2. 消除幼儿对教师的陌生感，增进幼儿、家长与教师间的情感交流，从心理上缓解幼儿的分离焦虑以及家长的种种顾虑。

活动形式： 自我介绍、亲子手工、亲子体育游戏。

活动时间： 开学前1~2天的上午。

活动地点： 幼儿园音乐厅、大操场。

活动主持： 班主任及班级教师。

适应年龄： 2.5~3岁。

活动准备：

1. 教师提前跟所有新生的家长进行面谈，并加上家长的微信，建立班级微信群，将活动的具体时间、地点、温馨提示给到每位家长，并请家长准备一张全家福照片。

2. 教师为每个幼儿做好红苹果挂牌，准备"顶呱呱"贴纸，事先布置好各个活动场地。

3. 准备制作亲子相框所需的材料：给每个家庭一个贴全家福照片的底板，剪好的花朵、星星等即时贴纸以及毛条、毛毛球、吸管、纽扣、彩色纸片等辅助材料若干，剪刀、双面胶、胶水每个家庭一套。

4. 准备户外亲子游戏材料：太阳伞、彩色小球。

5. 活动背景PPT及音乐、麦克风一支。

活动流程：

1. 播放音乐《让爱住我家》，拉开活动序幕，欢迎家长和幼儿的到来，幼儿和家长跟着教师随着音乐律动。

2. 自我介绍环节。

（1）教师组织家长与幼儿围坐成圆形。

（2）班级教师抱着玩具公仔做自我介绍，与幼儿和家长亲切问好，用小公仔和幼儿握手。

（3）请幼儿勇敢地迈出第一步，大胆介绍自己："大家好，我的名字叫……"（如图3-57所示）说不出来没关系，爸爸妈妈是幼儿坚强的后盾，介绍就由爸爸妈妈代劳。教师给幼儿送上"顶呱呱"贴纸。

3. 亲子全家福照片装饰活动。

（1）教师出示全家福照片，一一介绍照片上的家庭成员，并请个别大方的幼儿介绍自己的全家福照片（如图3-58所示）。

（2）教师引出活动主题——装饰全家福照片。教师："今天请小朋友和爸爸妈妈一起合作，装饰全家福照片，给照片加上一个漂亮的相框，然后把它摆到柜子上。我们以后上幼儿园就可以天天看到爸爸妈妈了！"

（3）教师介绍装饰全家福照片的材料与方法，提出装饰时的注意事项（特别是安全使用剪刀）。

（4）幼儿和家长选择自己喜欢的材料，并进行装饰，教师给予适当指导。

（5）拍照留影，并给装饰好相片的幼儿送上"红苹果"挂牌（如图3-59所示）。

4. 亲子体育游戏：玩"太阳伞"。

（1）请幼儿和家长牵手选择幼儿喜欢的"太阳伞"的颜色，并在一边站好，跟着教师的口令和口哨声，甩起"太阳伞"。如果是微风，请大家轻轻地抖动"太阳伞"；如果是大风，大家就把"太阳伞"甩得高高的。

（2）教师在"太阳伞"中间放入小彩球，请家长和幼儿抖动"太阳伞"，在"大锅"里炒"豆豆"（如图3-60所示）。

5. 告别时光：教师与每个幼儿拥抱，亲切道别，欢迎幼儿再来幼儿园一起游戏、玩耍。

活动小结：

新生虽然是第一次到幼儿园与同伴做游戏，但是在集体欢乐氛围的感

图3-57　大方的自我介绍

图3-58　晒晒全家福照片

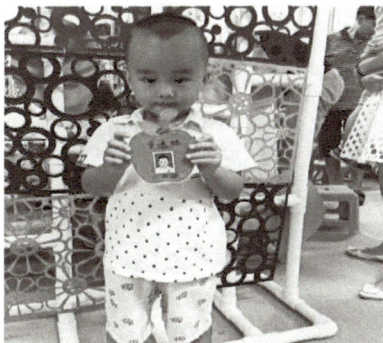

图3-59　"红苹果"挂牌

图3-60　玩"太阳伞"

染下，在教师的带领和爸爸妈妈的陪伴下，一点也不胆怯，积极地参与自我介绍、手工制作、体育游戏各个环节，体验与爸爸妈妈、教师、同伴共同游戏的轻松快乐，从而快速熟悉了幼儿园的环境，熟悉了教师，为即将入园打下了良好的基础。

案例十二：家长开放日亲子活动

"环保时装DIY、我型我秀"亲子环保时装制作和表演活动

活动背景：

为了提高幼儿的环保意识，倡导低碳环保的生活理念，培养幼儿的审美情趣、动手能力和表演能力，同时也为了让家长和幼儿在活动中感受亲子共同制作和表演的乐趣，班级以家长开放日为契机，举行亲子环保时装制作和表演活动。通过让家长和幼儿共同收集废旧物品、利用废旧物品进行环保时装设计制作、我型我秀等活动，倡导环保、创新、艺术等理念，

为幼儿提供一个展现自我、提升自信的舞台。

活动班级：××班。

活动目标：

1. 通过亲子DIY环保时装，激发幼儿和家长的想象力、创造力，发展幼儿的动手能力，让幼儿体验变废为宝的乐趣。

2. 通过亲子环保服装秀活动，展现幼儿健康、活泼、自信、大方的精神风貌，增进亲子间的交流与合作。

3. 增强幼儿和家长的环保意识，呼吁每一个家庭、每一个人都来珍惜可利用资源，保护环境，创造和谐社会。

活动形式：亲子环保时装制作和表演。

活动时间：周五上午。

活动地点：幼儿园音乐厅。

活动主持：班级教师1名、幼儿1名。

适应年龄：3~6岁。

活动准备：

1. 物质准备。

（1）家长共同收集旧报纸、纸箱、光盘、塑料袋、吸管、泡沫纸、编织袋、旧衣服、树叶等废旧物品。

（2）幼儿自带墨镜、纱巾、遮阳伞、草帽等用来做造型的道具。

（3）教师准备剪刀、胶水、双面胶、透明胶、丝带、扣子、羽毛、即时贴、皱纹纸等工具和材料，环保时装的照片PPT，走秀的背景视频与音乐。

2. 经验准备。

（1）教师事先让幼儿观看时装表演视频，组织幼儿熟悉表演舞台，练习走时装模特步。

（2）家长和幼儿共同设计时装秀的动作造型。

活动流程：

1. 主持人说开场白，说明活动主题。

教师主持："大家好！今天是我们××班的家长开放日暨环保时装DIY、我型我秀活动的开展日。感谢家长们能在百忙之中抽出时间来参加活动。一会儿小朋友要和爸爸妈妈一起利用各种废旧物品，制作漂亮的时装。然后再请小朋友做时装模特现场展示。"

幼儿主持："小朋友们，我们都是能干的环保小卫士，我们可以用巧手变废为宝。我们还要珍惜资源，少制造一点垃圾，共同保护我们美好的家园。"

2. 教师展示环保时装的照片，介绍制作这些环保时装的材料和方法，鼓励幼儿和家长从中获得启发，设计出富有创意、彰显个性的时装，传达绿色环保理念。

3. 亲子环保时装的设计与制作。

（1）教师介绍现场的各种半成品材料和手工工具等。

（2）请家长和幼儿共同讨论将要制作的时装的类型、花样，发挥创造力和想象力，画出设计草稿。

（3）家长和幼儿一起选择适宜的废旧材料和辅助材料，并运用剪、撕、贴、拼等方法共同制作环保时装（如图3-61所示）。

4. 亲子环保时装风尚秀。

（1）家长给幼儿穿好自制的环保时装，并运用头饰、首饰、墨镜等各种装饰品来进行装扮、美化。

（2）把时装表演的T台秀视频作为演出背景，幼儿在家长的陪同下进行时装表演（如图3-62所示）。

（3）教师鼓励幼儿与好朋友两个一组进行时装表演。

5. 请所有的小模特与家长合影留念（如图3-63所示）。

活动小结：

这种综合美工创意、亲子制作、亲子表演于一体的家长开放日活动，不仅给幼儿和家长带来了视觉上的美，还激发了大家的创意和灵感，使幼

图3-61 亲子共同制作环保时装

图3-62 幼儿和爸爸妈妈一起表演

儿展示了小小时装模特的风采与自信，进一步使幼儿、家长实践了绿色环保理念，使大家认识到节约和保护资源的重要性。同时，这次活动也促使家长进一步参与幼儿园的教育教学活动，在亲子交流与合作中度过温馨而快乐的半日。

图3-63　环保时装秀全体成员合影留念

案例十三：家长开放日亲子活动

"反哺之情，爱心传递"亲亲洗脚活动

活动背景：

《3~6岁儿童学习与发展指南》指出幼儿在社会领域的学习与发展过程是其社会性不断完善并奠定健全人格基础的过程。随着我国二胎政策的开放，有的幼儿已经迎来了自己的弟弟妹妹，家庭的格局发生了改变。为了让幼儿适应家庭的新格局，学会转换角色，从被照顾、被呵护的对象转换为照顾别人、呵护别人的角色，体验照顾别人需要所付出的辛劳，学习表达爱和付出爱，以培养他们独立的人格，我们精心设计了家长开放日亲亲洗脚活动，来激发幼儿爱父母的情感，也让父母体会到幼儿那份赤诚的感恩、反哺之心，让亲子关系更加亲密融洽。

活动目标：

1. 让幼儿通过回顾照顾蛋宝宝的经验，感受父母照顾自己的艰辛。

2. 引导幼儿联系生活实际，表述父母等亲人对自己的爱的行动和陪伴。

3. 通过让幼儿为自己的亲人洗脚，激发幼儿爱父母的情感，鼓励幼儿多为他人服务。

活动形式：家长开放日。

活动时间：周五上午。

活动地点：幼儿园音乐厅。

活动准备：

1. 经验准备：活动前请幼儿当一天蛋爸爸或蛋妈妈，照顾一个蛋宝宝。

2. 物质准备：幼儿照顾蛋宝宝的相关照片，音乐《炒小菜》《相亲相爱一家人》，录像《洗脚》，按幼儿人数准备脸盆、毛巾，润肤露两瓶。

活动主持：班级教师。

适应年龄：5~6岁。

活动流程：

1. 引导幼儿谈谈自己照顾蛋宝宝的经验感受，引发幼儿回忆爸爸妈妈对自己的爱和保护。

（1）师幼共同欣赏幼儿照顾蛋宝宝的照片。

（2）教师提问，如：小朋友，这个星期我们尝试照顾了蛋宝宝，体验了一回当爸爸或当妈妈，你是怎么照顾你的蛋宝宝的？你的蛋宝宝喜欢你吗，为什么？你喜欢你的爸爸妈妈吗，为什么？你有保护好你的蛋宝宝吗，你是怎么保护的？爸爸妈妈是怎么保护你的？你可以保护爸爸妈妈吗？现在你已经是大班小朋友了，你可以为爸爸妈妈做什么事？你长大以后会怎么保护爸爸妈妈？

2. 观看《洗脚》的录像。

（1）引导幼儿去感受影片中洗脚双方的心情。教师提问，如你在画面中看到了什么？妈妈做了一件什么事？奶奶高兴吗，为什么？她的表情怎么样？小宝宝做了一件什么事？妈妈高兴吗，为什么？

（2）教师总结：我们家庭中的每一个人都要相亲相爱，互相照顾。小朋友，今天我们也为爸爸妈妈洗一次脚，好吗？

3. 亲亲洗脚活动。

（1）教师："现在，请爸爸妈妈们享受一次孩子们的服务吧。采访一下，这位小朋友，你爸爸的脚是怎样的？"

（2）在教师的引导下，幼儿按步骤为爸爸妈妈洗脚：脱去鞋子和袜子—把脚放进水里，搓一搓洗一洗—擦干脚，给脚做做按摩（小手捏起来像个小拳头一样，搓搓脚心，捏捏每个脚趾头）—给脚擦上香香的润肤露—穿上袜子穿上鞋。图3-64和图3-65展示了洗脚活动中流露出的亲子情。

（3）教师提问个别家长的感受，家长积极地回应。

（4）请爸爸妈妈和幼儿分享自己的心情和感受。

（5）教师总结："我们要珍惜关心爱护我们的人，懂得感恩和回报，对父母亲人付出爱与劳动会收获更多的快乐和幸福。"

图3-64　洗脚活动中处处流露着温馨的亲子情　　图3-65　洗脚活动中亲子间的情感流露

4. 师幼与家长共同演唱《相亲相爱一家人》，活动结束。

活动小结：

幼儿对照顾的主要经验来源是"照顾蛋宝宝"活动。幼儿在参与的过程中，会给自己的蛋宝宝起名字，给蛋宝宝唱歌、讲故事、弹琴、洗澡，和蛋宝宝一起看书、看电视。当蛋宝宝受伤的时候，他们还会痛苦地流下眼泪。幼儿非常好地完成了角色转换，所以在描述父母对自己的爱的时候，幼儿说得很详细。在"爸爸妈妈是怎么保护你的？"这个关键问题上，教师给予了一些照片的支持，使得幼儿能够根据图片结合自己的生活经验来表达，能更深地体会爸爸妈妈的爱。

在幼儿为自己洗脚的过程中，听到幼儿说声"谢谢爸爸妈妈"，家长会由衷地感受到被孩子关心和爱的幸福。××家长说："孩子给我洗脚，这辈子也就几次机会吧。"××爸爸说："他妈妈亏大了！我今天没有白来！"××爸爸把机会让给了妈妈，自己像勤劳的小蜜蜂一样，忙着给大家送擦脚的毛巾。所有参与的爸爸妈妈、爷爷奶奶们的脸上都洋溢着难以言喻的幸福，他们打从心眼儿里高兴着、感慨着："我从襁褓中一点一点喂养的孩子，如今真的长大了，懂得用行动给长辈反馈爱了。"

案例十四：毕业典礼

"欢乐童年 放飞梦想"毕业典礼

活动目标：

1. 引导幼儿体验毕业离园时的惜别之情，表达告别教师和同伴的情感，萌发对小学生活的向往之情。

2. 鼓励幼儿积极参与毕业庆祝活动，大胆地展示自己，同时鼓励家长积极参与，给予多方面的支持。

活动形式：舞台表演活动与美食汇。

活动时间：星期日上午9：30。

活动地点：幼儿园音乐厅。

活动主持：家长1名，幼儿2名（男女各一名）。

适应年龄：5~6岁。

活动准备：

1. 前期准备。

（1）服装、礼品、鲜花、食品的采购。

（2）美工设计与制作：包括电子邀请函的制作，入场券、入场指示牌、签到墙、桌面签到海报、立体装饰的制作，舞台背景电视墙的制作。

（3）制定、打印免责协议，全体家长签名。

2. 现场准备。

（1）后勤保障人员负责舞台布置、美食汇场地布置、签到接待、宾客指引、鲜花礼品存管和赠送。

（2）活动总导演负责现场流程控制、人员调配、表演人员走位催场。

（3）主持人负责热场、串词、报幕、引导。

（4）多媒体负责人负责现场VCR的制作及播放、红地毯背景音乐的制作及播放、节目的背景音乐或MV的播放、麦克风的维护、现场灯光音响器材的操作及使用，以及红毯、签到区、花絮、文艺节目的摄影摄像。

（5）现场划分观众区域，设立区域负责人，负责照看幼儿的安全及现场卫生。

（6）保健医生负责现场医疗应急处理。

3. 后期准备。

（1）现场环境的清洁、整理。

（2）毕业典礼VCR的后期制作与发放。

（3）公布所有预算、开支，统计结算收取的经费（多退少补）。

活动流程：

1. 开始部分。

（1）循环播放幼儿在园生活的图集和视频。

（2）家长、幼儿穿礼服等正装签到、红地毯走秀、合影。

2．基本部分。

（1）感恩篇：①主持人出场；②园长寄语（献花）；③教师寄语（献花）；④家长代表发言；⑤幼儿代表发言（献花）；⑥幼儿园生活回顾。

（2）欢乐篇：①亲子秀（以家庭为单位参与T台走秀）；②亲子文艺表演（具体节目单附后）。

（3）展望篇：①幼儿读毕业诗、唱毕业歌（如图3-66所示），领取毕业证书，穿过成长之门；②幼儿诗朗诵《再见吧，朋友》；③家长、教师、幼儿手语表演《最好的未来》；④大合照；⑤聚餐。

附件：

××幼儿园××班毕业典礼节目单

1. 亲子时装秀，表演者：全体家长及小朋友；
2. 亲子演唱《大王叫我来巡山+月光》，表演者：××小朋友及家长；
3. 小提琴演奏《小燕子》，表演者：××小朋友等（如图3-67所示）；
4.《女人花》旗袍秀，表演者：全体女家长及女教师；
5. 爵士舞《Beautiful Girl》，表演者：××小朋友等；
6. 小合唱《青春修炼手册》，表演者：××小朋友等；
7. 相声《说大话》，表演者：××小朋友等；
8. 歌伴舞《小天鹅》，表演者：××小朋友等；
9. 踢踏舞《大河之舞》，表演者：××小朋友等；
10. 舞蹈《感觉萌萌哒》，表演者：全体男家长；
11. 长号独奏《赞美诗》，表演者：××小朋友家长；
12. 英语儿童剧《小蝌蚪找妈妈》，表演者：全体小朋友。

图3-66 全体幼儿表演：毕业诗、毕业歌

图3-67 才艺表演：小提琴合奏

附件：

××幼儿园××班毕业典礼安全协议书

尊敬的家长朋友：

您好！今天我们一同迎来了××幼儿园××班"欢乐童年 放飞梦想"毕业典礼。

这是值得小朋友纪念和难忘的日子，我们大班的小朋友就要毕业了。时间过得真快，一眨眼三年的幼儿园生活马上就要结束了。在这里我们要感谢来参加我们毕业典礼的每一位家长，感谢你们的到来，感谢许多家长多年来对我们工作的支持和配合。"安全第一"是贯穿于人们生活中的基本原则之一。做好今天的安全工作，确保每一个孩子的安全，是我们义不容辞的责任，您的配合将保证您的孩子更安全，有以下各项事宜提醒您注意。

1．为了确保幼儿的安全及会场秩序，请各位家长不要离开自己的座位照相和录像，以免影响后面的家长观看。本次活动我们将会邀请专业摄影师进行录像，并制作光盘，谢谢家长的理解与支持。

2．请家长做好孩子的榜样，不要随地乱扔垃圾，维护好演出场地的秩序，积极与主持人互动。

3．观看幼儿表演时，请家长注意会场秩序，以免干扰幼儿的表演。

4．为了幼儿的安全，请家长不要随意离开孩子。活动时请务必听从工作人员的安排，请勿自行带孩子离开教师的视线。活动结束时请与教师做好交接后再接走孩子。

孩子的平安健康是我们共同的心愿！

此协议经家长同意签字后生效，有效期至毕业典礼结束。

小朋友家长（签字）：

家长联系电话：

年 月 日

二、园外亲子活动

园外亲子活动是指走出幼儿园，利用社会、社区大环境、大自然活教材，开展父母与子女之间的游戏活动，它是以幼儿为主体、以父母为主导、以家庭为单位进行的，是家园合作的一种活动形式，旨在充分发挥幼儿和家长的主动性，促进家园合作。

《幼儿园教育指导纲要（试行）》指出，"家庭是幼儿园重要的合作伙伴。应本着尊重、平等、合作的原则，争取家长的理解、支持和主动参与，并积极支持、帮助家长提高教育能力"，"充分利用自然环境和社区的教育资源，扩展幼儿生活和学习的空间。幼儿园同时应为社区的早期教育提供服务"。园外亲子活动有益于亲子之间的感情交流，密切亲子关系，促进幼儿的健康发展，促进家园合作，对幼儿的实物游戏和伙伴游戏也具有重要的影响。

（一）园外亲子活动的设计思路

园外亲子活动的设计思路如表3-12所示。

表3-12　园外亲子活动的设计思路

活动内容	活动地点	活动时间	活动组织者
亲子制作 亲子参观 亲子远足 亲子旅游 亲子采摘 亲子义卖 亲子阅读会 亲子运动会	社区 公园 旅游景区 主题餐厅 博物馆 展览馆 公益机构	传统节假日 周末休息日 各种世界节日 当地特色节日	幼儿园 班级家委会 专业机构

（二）园外亲子活动的活动流程

园外亲子活动内容丰富，名目众多，但是在活动流程方面有相通的地方，如图3-68所示。

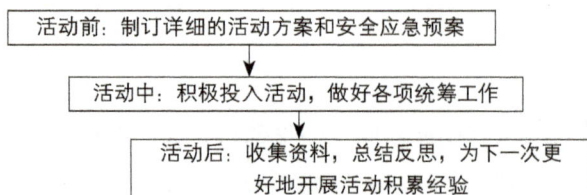

活动前：制订详细的活动方案和安全应急预案

活动中：积极投入活动，做好各项统筹工作

活动后：收集资料，总结反思，为下一次更好地开展活动积累经验

图3-68　园外亲子活动的活动流程

（三）各环节注意事项（以亲子远足为例）

1. 亲子远足前的准备工作

第一，选择远足地点，根据幼儿的年龄特点，可选择幼儿园周边的公园、山道、绿道。

第二，与公园管理处联系，获得他们的批准。

第三，组织者需要实地踩点，掌握走完全程所需要的时间，确定中途休息的地方和次数。

第四，撰写并向家长发放邀请函，统计参加活动的人数。

第五，与幼儿讨论"徒步活动怎样做好自我保护"，对幼儿进行必要的安全教育，提出注意事项和相关要求，使幼儿不离开大人独自行动，走稳、走好每一步，鼓励幼儿克服困难，坚持到底。

第六，幼儿需准备的物品：小背包、水壶、遮阳帽、少量食品（可补充体力）。

第七，徒步穿运动鞋和舒适、宽松、吸汗的衣服，可带上擦汗毛巾及坐下休息时所用的纸张或塑料布。

第八，班旗、园旗、彩旗若干面。

第九，幼儿园保健医生背着医药箱全程跟随活动。

2. 亲子远足中的注意事项

第一，做好安全工作，制订详细的安全应急预案，并告知全体参加人员。由于远足活动要走出幼儿园，有一些可能发生的不安全事件与在园时不同，因此，加强安全意识，熟知安全应急预案，显得尤为重要。

第二，要根据幼儿的年龄特点选择远足地点，选择距离适中、道路安全的地方，尽量避开人多、热闹的旅游景区。

第三，远足活动中，在队伍的前、中、后方都要安排家委会成员或教师做好联系统筹工作，有条件的，可给带队的家委会成员或教师配上对讲机，方便联系和跟进。

第四，活动中，幼儿不要边走边吃东西，可多次小口喝水。中途休息次数不宜过多，提供一两次休息、补充体力的机会。中途不用餐，吃得太饱幼儿容易犯困，不利于继续往下走。

第五，中途休息和到达目的地时，均要清点人数，以免有人掉队。

第六，活动中，要放松心情，引领幼儿在安全的前提下多看、多听，感受大自然的美好和远足的快乐。

（四）园外亲子活动案例

案例一：亲子户外拓展活动

深圳市××幼儿园亲子户外拓展活动方案
（2016—2017学年度第二学期）

活动目标：

1. 通过拓展活动引导幼儿做事有始有终、吃苦耐劳，并能彼此合作，发挥团队精神。

2. 通过活动增进亲子感情，激发幼儿在大自然中参加体育锻炼的积极性，培养幼儿良好的生活习惯。

活动时间： 3月9日（第四周）开始每周的周四、周五下午，每班每学期至少开展一次。

活动负责人： 各班班主任、各班家委会成员。

活动要求：

1. 各班家委会成员和班主任商量后提前两周上交《班级亲子户外拓展活动方案》给副园长审核。

2. 各班家长认真填写《深圳市××幼儿园班级亲子出游活动家长安全责任书》，按照班级的安排出发前一周上交，一式两份，家长及班级家委会各持一份，活动结束后需上交幼儿园存档。

3. 班主任和家委会成员需提前走一遍全路程，安排好活动地点。

4. 父母没时间参与的，老人和保姆不能带幼儿参加，可在家长同意后带幼儿回家或安排一位保育员在园带幼儿活动。

5. 请家长在出发前一天和幼儿一起准备书包内的物品（装有合适水量的水壶、纸巾、垫后背的毛巾2条、少许零食），要求家长全程不帮幼儿背书包，让幼儿知道书包里是自己的物品，应该自己背。

6. 幼儿园的园旗被领出后各班传着使用，最后一个班级清洗干净后还回总务处。

7. 活动结束后，各班需认真上交《班级亲子户外拓展活动情况记录表》（电子版），贴上活动照片，上交副园长。

具体安排：

××园亲子户外拓展安排表

周次	周四	周五	备注
第四周	中三（3月9日）	小六（3月10日）	如遇台风、暴雨等极端天气，不顺延，推迟
第五周	中四、大四（3月16日）	小三、大五（3月17日）	
第六周	中六、大三（3月23日）	中五、大六（3月24日）	
第七周	小四、大一（3月30日）	小五、大二（3月31日）	
第八周	小一、中二（4月6日）	小二、中一（4月7日）	

案例二：亲子徒步活动

"大王来巡山，快乐徒步行"大班亲子徒步活动

活动目的：

1. 了解徒步活动的意义，体验亲子徒步带来的快乐。

2. 在徒步途中幼儿要学会照顾自己，克服困难，坚持走完全程，并能知道保护好同伴，做个坚强、勇敢的孩子。

3. 通过徒步活动锻炼身体，培养幼儿的毅力，提高他们的责任担当能力，激发幼儿内在的潜能。

4. 促进亲子互动，让家长在活动中更好地支持和陪伴幼儿成长，增进彼此间的情感交流。

活动时间：5月27日上午。

集中地点：幼儿园一楼大操场。

活动地点：深圳市莲花山。

活动路线：从幼儿园出发坐地铁到少年宫站的F出口集合，前往目的地莲花山公园。

活动准备：

1. 制订详细的活动方案。

2. 规划并制作路线图（如图3-69所示）。

3. 打印线路图。（幼儿人手一份）

4. 确定活动时间，查看天气预报并做好相应准备。

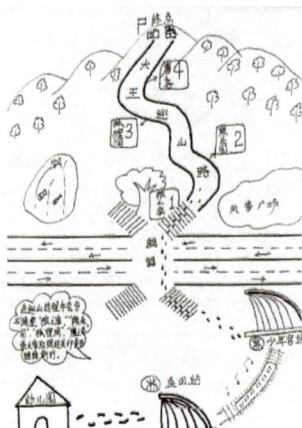

图3-69 亲子路线图（教师手绘版）

5. 组织家长报名（发通知）。

6. 与莲花山公园的工作人员沟通，联系车，准备礼物等。

7. 开展谈话活动"亲子徒步我们应该注意哪些安全问题"，进行安全教育。

8. 领路教师提前踩点，前往莲花山确认好线路和四个盖章点。

9. 活动着装：班级亲子服，薄的长裤，遮阳帽，舒适的运动鞋，水壶。

10. 人员安排。

（1）安全负责人、医护人员跟随（带好医药箱）。

（2）主持人员安排。

（3）四个盖章点的教师安排。

活动过程：

1. 到达集合地点，教师带领家长与幼儿一起做热身操。

2. 家长代表发言，幼儿代表发言，园长致辞。

3. 主持人讲解活动顺序与要求。

4. 出发前往地铁站。家长与幼儿大手牵小手有序地走出幼儿园，前往地铁站，到达目的地。

5. 乘坐地铁，集体从起点出发前往四个盖章点。

家长与幼儿乘坐地铁到少年宫站后在F出口等待，幼儿拿着手上的线路图认真研究。教师高举着园旗，活力四射的幼儿跟随教师的步伐，从起点出发。

　　在路程中，幼儿哼唱着歌曲，三三两两结伴拉着小手，到达盖章点（如图3-70、图3-71、图3-72、图3-73所示）。幼儿成功拿下四个关卡后，向终点冲刺。

　　6. 到达终点后领取礼物（如图3-74所示），班级集体拍照留影，自由活动。

　　7. 活动结束，幼儿自行结伴返回。

图3-70　狼之家

图3-71　熊乐园

图3-72　狐狸洞

图3-73　鹰之谷

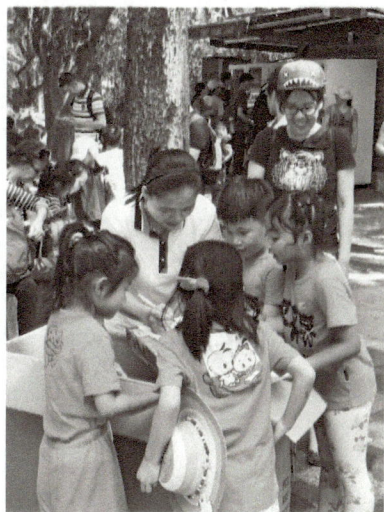
图3-74　领取礼物

第一节 意外伤害的处理

一、重视幼儿园意外伤害处理的意义

幼儿的生命与健康安全是幼儿园工作的前提与核心，幼儿园应完善各项意外伤害的预防措施和流程化意外事故的应急处理与事后补救方法。一方面，从源头上降低幼儿发生意外伤害的概率；另一方面，最大程度减少由意外伤害造成的诸多不良影响，保障幼儿的生命与健康安全。

意外伤害的处理包括建立完善的预防措施、应急措施与事后补救措施。妥善处理幼儿的意外伤害事故，对保障幼儿的生命与健康安全、提高教师的安全意识、保障其合法权益、促进幼儿园的良性发展至关重要。

重视幼儿园意外伤害处理的意义有以下几点。

（一）保障幼儿的生命与健康安全

完善的预防措施、应急措施与补救措施能在很大程度上降低幼儿意外事故发生的概率，尤其是由外部原因造成的幼儿意外事故发生的概率。

（二）提高教师的安全意识

教师是各项意外伤害事故预防、应急与补救的主体，是决定幼儿意外伤害发生概率与伤害程度的关键群体。在一系列预防、应急与补救措施中，教师可以极大提高对幼儿意外事故发生的敏感性，意识内化于心，行动外化于行，从而最终保护幼儿的安全。同时，教师的安全意识与行为能较好地保障教师的合法权益，避免教师与家长间产生不必要的纷争。

（三）促进幼儿园的良性发展

幼儿意外事故发生的概率与程度是评价一所幼儿园办园资质与等级的核心指标，是幼儿园良性、持续发展的门槛。营造安全的环境氛围，让幼儿充满安全感并健康快乐地生活、学习和游戏是幼儿园各项工作正常运转的需要，也是幼儿园提升办园质量的基础。

二、意外伤害处理的流程与要点

以幼儿的生命与健康安全为前提，幼儿园应建立完善的意外伤害预防、应急与补救策略。

（一）意外伤害处理的流程

以幼儿意外伤害的发生为切入点，其处理流程如图4-1所示。

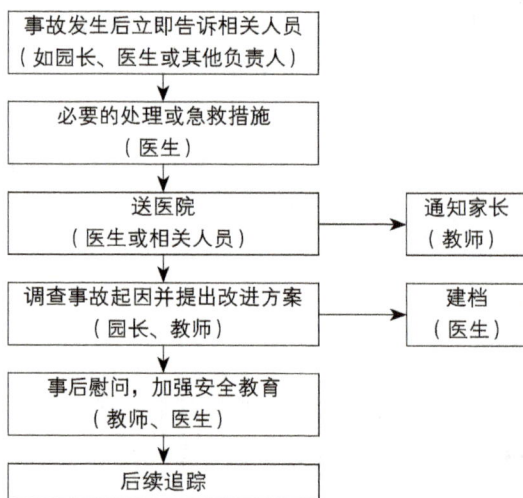

图4-1　幼儿意外伤害处理流程

（二）意外伤害处理的要点

幼儿意外伤害的发生具有个体性、班级性，但对其的处理却具有全园联动性。经过多年的实践与家长的反馈，我们归纳出以下处理要点。

1. 全园联动，高效处理意外事故

幼儿意外事故的处理主要涉及幼儿园意外事故责任人、班级教师、保健医生，其余部门根据责任人的安排随时配合。意外事故发生时，各方主体应及时联动，按园方规定的事故处理流程高效应对，特殊情况需灵活处理。如某方主体暂未联系上或幼儿家长暂时未接电话，园方须以幼儿伤情为重，及时处理并备案。

2. 及时与幼儿沟通，安抚情绪

幼儿在意外事故发生时，一般会比较恐慌，教师须及时安抚幼儿的情绪，时刻关注幼儿的心情，最大程度消除幼儿的不良情绪，保证幼儿在接下来的处理流程中积极配合。

3. 换位思考，勇于承担责任

幼儿意外事故发生时，教师应及时与家长联系，一方面，坦诚地告诉家长幼儿受伤的程度、接下来将采取的措施与已经采取的措施，并说明需要家长同意或配合的事情，如是否共同到医生处陪伴幼儿；另一方面，意外事故发生时，家长的情绪出现波动或极端很正常，教师应调整自我情绪，换位思考，真诚沟通，敢于担当，主动承担责任，切忌推诿、含糊或出现过激语言。

4. 重视后续补救工作，消除隔阂

幼儿意外事故应急处理结束后，教师及园方需完善以下三个方面的工作。

第一，教师在幼儿暂未入园期间及时与家长电话沟通幼儿身体的恢复情况，提供可借鉴的恢复方法，并登门看望幼儿，表达园方与教师自身的歉意与关心。

第二，幼儿在意外事故处理结束后入园，教师仍需及时关注幼儿的情绪，防止幼儿恐慌心理的迁移与泛化，并将观察的结果反馈给家长，让家长感受到教师对幼儿的关心。若幼儿的恐慌心理较为严重，需与家长共同配合解决。

第三，教师应与园方意外事故责任人、保健医生沟通讨论，针对此次意外事故，有哪些较好的处理经验或需改进的处理方法，并登记在案，供全园教职工学习，做到以一个事故样本的经验归纳与改善，促进全园教职工提升安全意识，掌握处理方法。

5. 善于注重细节，感化家长

在处理幼儿意外事故时，教师可细心观察微观事件，注重细节，让家长感受到教师的真诚、细心与责任心。例如，临近午点时幼儿受伤，教师需提醒保健医生幼儿暂未吃午餐，双方及时与厨房联系，为受伤的幼儿做适合的饭菜，若家长能及时赶到医院，也应考虑家长未吃午餐，通知厨房给家长也做一份午餐；

又如，将幼儿送医时，教师应仔细聆听医嘱并记下来，将记录转给家长。

6. 做好预防措施，增强防范意识

园方分析幼儿意外事故发生的原因，防患于未然。

若幼儿受伤是器械的原因，全园需加强各项安全检查工作，如户外场地的安全，家具设备的安全，玩、教具的细小零件问题等。

若幼儿受伤是幼儿园管理或教育的问题，全园应加强安全教育，增强幼儿的安全意识。同时，幼儿园应完善规章制度，如接送制度、幼儿随身携带物品的规定等。

若幼儿受伤是幼儿自身体质方面的原因，教师一方面要在日常的教育教学中有针对性地增强幼儿的体质，另一方面要与家长沟通，共同促进幼儿体质的增强。

三、意外伤害处理案例

幼儿园要制定详细的意外伤害处理流程，在幼儿发生意外事故后，一方面要紧急处理；另一方面要第一时间联系家长，详细告知幼儿的伤情、已采取的措施及后续处理措施，并让家长感受到教师、园方的歉意与关心。

（一）小班幼儿意外伤害的处理案例

案例：误吃药的姗姗

误吃药的姗姗

事件背景：

在幼儿吃早餐时，教师发现姗姗右手拿着一颗看似糖果的白色颗粒，正喂到嘴里咀嚼。教师提高了警惕，姗姗一边吃一边说是糖果。

处理流程：

1. 对误吃药的姗姗进行催吐。

教师快速让姗姗张开嘴巴，看到白色颗粒已经被嚼碎了，教师闻到一股味道，才意识到姗姗吃的可能是药。教师马上让姗姗吐出来，并使用手指按压姗姗的舌根，对姗姗进行催吐。

2. 送到医务室。

催吐完后，由班主任将姗姗带到医务室，简短地告诉园医事故状况。园医迅速查看姗姗的用药情况，发现姗姗吃的是药性比较强的药。

3. 送医与联系家长。

园医迅速联系医院，通知幼儿园的三位园长，调动校车送幼儿到最近的医院就医。与此同时，班主任给姗姗的家长打电话，家长表示随后就到医院。

4. 医生诊断。

将姗姗送到医院后，园医进行挂号，班主任与赶来的家长解释事件经过，并询问药片从哪里来。家长意识到可能是周末出行时，家长顺手将自己吃的感冒药放到了幼儿的书包里，导致幼儿误把药片当糖果吃了。经医生诊断，姗姗误服的剂量小，催吐较彻底，幼儿已经没有什么问题。

5. 事后实施预防措施。

幼儿误用药物，一般可能有两种主要原因，一是家长误把药物放在了幼儿易接触到的位置，尤其是幼儿的书包里，造成幼儿偷拿或误拿；二是园医失误，没有核对药名。

针对此次事件，幼儿园有责任提醒家长注意药品的放置位置，家园协同加强幼儿的用药安全教育。

给幼儿喂药是幼儿园需要重视的一个环节。那么，幼儿园给幼儿喂药的正常流程是什么？

1. 家长提供幼儿的病例并签署喂药委托书（如图4-2所示）

若幼儿生病，需要服用药物，家长要在晨间检查时，向园医提供幼儿的病例，并签喂药委托书，医生与家长当面核对。园医晨检一套工具如图4-3所示。

喂药委托书（请用正楷填写）

服药日期：　　年　月　日　　幼儿姓名：　　　班级：

药物名称	每次药量	服药时间

本人确认：今天委托服用的药是：＿＿＿年＿＿月＿＿日在＿＿＿医院就诊，医生开出的药品。委托人（家长）签名：＿＿＿＿＿＿ 喂药医生签名：	确认已服药 （班级保教人员签名）

《喂药委托书》使用说明：（第一次带药请出示幼儿近期病例）
①请家长在家填写好喂药委托书，和药品一起装在小袋子中，晨检时交给园医；
②医生喂药前核对药量、药品及情况，确保幼儿按时安全服用，并签名；
③班级老师确认幼儿已服用，并签名；
④《喂药委托书》由幼儿园保健室保存；
⑤此委托书复印有效。委托书在幼儿园网站上也有下载。

图4-2　喂药委托书

2．园医给幼儿发红色晨检牌

医生在晨检后，给幼儿发红色晨检牌（红色代表幼儿需服药，黄色代表幼儿需修剪指甲，绿色代表幼儿健康，蓝色代表幼儿需多喝水，紫色代表幼儿受伤），幼儿将晨检牌拿到班级，教师看到幼儿的晨检牌就能识别哪些幼儿需要服药。

3．园医核对幼儿用药信息

晨检后，园医查看喂药委托书，核对姓名、班级、药物有效期、剂量和服用方法。

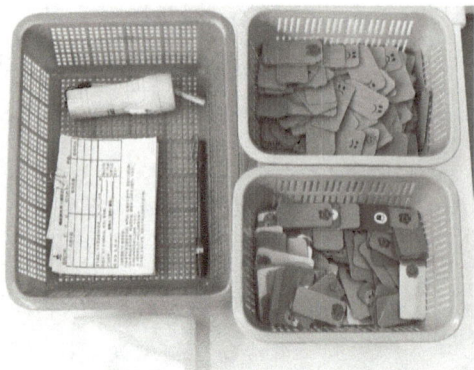

图4-3　园医晨检一套工具

4．园医给幼儿喂药，并与教师观察幼儿吃药后的反应

园医在给幼儿喂药时，要与班级教师核对（教师通过看晨检牌）是否是该幼儿。

幼儿服药后，园医需观察幼儿，随后教师在一天的生活中需观察该服药幼儿是否有不良反应，如有不良反应，需马上送到医务室，由园医判断是否送医或启动紧急预案等。

（二）中班幼儿意外伤害的处理案例

案例：咬伤舌头的洋洋

咬伤舌头的洋洋

事件背景：

星期四上午，户外活动结束后，中班幼儿上楼梯回班，洋洋在楼梯上蹦蹦跳跳，一个趔趄，不小心咬到了自己的舌头！顿时，嘴巴里就出血了！

处理流程：

1. 及时送到医务室并告知责任人。

班主任立马将洋洋带到了医务室，并及时通知负责意外事故的后勤园长。园医判断伤情后，立马止血并叮嘱幼儿微张嘴巴，还叮嘱班级教师帮忙提醒幼儿微张嘴巴，避免牙齿对舌头造成的二次伤害。

2. 送医，并与家长沟通。

园医在快速采取了一系列措施后，立马给离幼儿园最近的医院打电话，与此同时，班级教师第一时间打电话告诉家长，表达十足的歉意，告知幼儿的伤情、已经做了哪些处理和下一步的处理措施，并询问家长是否有时间到医院。经过教师动之以情的道歉与适宜的处理措施，家长表示理解，并表示马上就到。

到医院后，教师和园医一同配合，园医挂号，教师安抚与提醒幼儿，切不可慌乱，以免影响幼儿的情绪。医生给幼儿进行舌头检查、清洗、缝线和输液。在医生处理的过程中，教师给家长打电话，持续说明幼儿的伤情和治疗进展，家长进一步感受到教师的用心。

在幼儿输液的过程中，教师想到幼儿没有吃午餐，询问医生午餐应该注意什么，医生表示要吃细碎的蔬菜、肉、粥等，教师打电话联系幼儿园厨房的后勤人员，说明饮食要求，请厨师为幼儿、幼儿家长做午餐，随后家长赶到。教师再次当面对家长表示歉意，因为自己的疏忽造成幼儿受伤，恳请家长谅解。

之后，教师与家长共同深入询问医生幼儿的伤情及后续的护理措施等，医生从饮食、生活等方面交代了注意事项，教师将医生的叮嘱全部记下，并编辑转发给家长，以随时提醒家长如何在家里护理幼儿。随后，午餐由另一位班级教师送到，另一位班级教师也当面表示道歉，并请家长吃午餐，教师协助洋洋吃午餐。再次让家长感受到教师的歉意和做出的补救行为。

3. 实施补救措施与后续追踪。

吃完午餐、输完液后，班级教师陪同家长、幼儿回家。当天下班后，教师再次电话询问幼儿的情况。班级的两名教师和一名保育员购买水果、营养品登门道歉并慰问。后续，周五至周日，由一位班级教师打电话询问情况。到周末晚上，教师再打电话询问家长，若家长无力在工作日照顾幼儿，幼儿可到幼儿园，由班级教师照顾。教师持续的跟踪取得了家长的谅解，家长表示教师不用自责。

经过适宜的紧急处理、教师的叮嘱与家长的精心呵护，周一洋洋就入园了。与此同时，教师叮嘱厨房人员，专门为洋洋做适宜的饭菜，教师在中午时将洋洋的恢复情况告知家长。

4. 分析事故原因与建档。

与此同时，园医与教师分析了该意外事故发生的原因，并记载此事故。同时，将此事故作为幼儿园安全教育中的一项，以避免今后有类似的情况发生。

洋洋意外伤害的处理及时、妥当，谨遵流程，各部门密切配合，收到了良好的处理效果。

（三）大班幼儿意外伤害的处理案例

磕破下巴的轩轩

事件背景：

轩轩与东东在榻榻米上玩。东东比轩轩要高、要胖。当东东把轩轩抱起来旋转时，突然重心失衡，东东把轩轩压在了榻榻米上，弄伤了轩轩的下巴，下巴马上就出血了。

处理流程：

1. 送医务室，并通知相关人员。

班主任立刻将幼儿带到医务室，并告诉幼儿园的三位园长，请园长安排教师顶班，稳定班级幼儿的情绪。园医确定病情后启动紧急预案，班主任、后勤园长、园医一起用校车将幼儿送到就近的医院。同时，班主任打电话给轩轩妈妈，简短描述发生的事情、轩轩的状况及接下来的行动，家长表示理解，并表示随后就到医院。

2. 送医并与家长沟通。

园医安排挂号，班主任安抚轩轩的情绪，家长到医院后，班主任表示歉意，并主动承担责任，同时将东东的行为解释为失误，获取轩轩妈妈对教师及东东的谅解。轩轩在医院里缝了针，班主任、园医、后勤园长陪同轩轩，缝针结束后，又一起将轩轩和轩轩妈妈用校车送回了家。

3. 通知东东的家长。

将轩轩受伤的原因、现阶段采取的措施告知东东的家长，并表示这是幼儿之间的游戏失误，并非冲突，不可将责任推给东东，并说明轩轩妈妈对东东的谅解，缓解东东家长的情绪。

4. 后续补救措施。

后续补救主要是让轩轩的家长感受到幼儿园多方对轩轩的关心。

幼儿园厨房在轩轩受伤的前五天（伤情恢复关键期）炖汤，轩轩家每人一份汤，并由班主任与后勤园长送到轩轩家。

班主任与副班教师、保育教师共同登门看望轩轩，三人每天分别打电话关心轩轩的恢复情况。

园医每天打电话关心轩轩的恢复情况，并嘱咐家长如何给轩轩做有营养的餐食。拆线当天，园医也一同去医院，同时提醒家长提交轩轩的诊断报告存档，并帮助轩轩报保险公司理赔。

班级家委会代表购买礼物看望轩轩，全班幼儿在微信群里或打电话与轩轩联系，好朋友也去看望了轩轩。

东东的爸爸主动负责轩轩护理、换药等一切医疗费用，并购买玩具和东东一起看望轩轩。

事故反思：

第一，全园开展常规教育，尤其是小心同伴间疯闹的大动作，提高自我保护意识与能力；第二，发生意外事故时，各部门要联动，尤其是要通知三位园长，园长视情况决定是否启动应急预案；第三，同伴游戏或冲突造成幼儿意外伤害时，班主任是家长间的润滑剂，要妥善处理两边家长的情绪，避免引发家长间的矛盾。

幼儿园妥善处理幼儿意外伤害事故，既是幼儿园处理危机公关的工作，又是幼儿园专业性的体现。幼儿园建立合理的预防机制、清晰的应急流程、细心的补救措施至关重要。同时，幼儿园还需建立不断完善的意外事故处理循环机制，剖析意外事故的原因，将实践经验丰富到预防机制中。

第二节　家长投诉的处理

当今社会的法制越发健全，家长的维权意识日益增强，幼儿园中家长的投诉现象时有发生。幼儿园应与家庭密切合作、相互配合，帮助家长转变观念，使他们成为教师的合作伙伴，做好家园共育，促进幼儿全面健康的发展。

一、家长投诉的定义与意义

作为幼儿园教育服务消费者之一的家长，对自己的孩子在幼儿园所接受的教育服务（理念、行为、质量等方面或投诉处理本身）没有达到自己的期望，而向幼儿园提出不满意表示的行为，称为"幼儿园家长投诉"。

在现实工作中，家长与幼儿园在幼儿的教育问题上往往存在着分歧，家长投诉往往被看作这种分歧的具体表现之一。家长投诉究其原因有以下两点：一是幼儿园工作确实出现失误，造成对家长、幼儿权益的损害；二是家长对幼儿园各方面了解不足，提出疑问或异议，与教师沟通不顺畅，导致对教育服务不满意等。

近年来，家长投诉已经越来越受到管理者的重视。由于幼儿园是专业的教育机构，教育服务具有特殊性，不同于一般的服务能够产生立竿见影的效果，因此，对于家长的投诉，幼儿园必须要积极面对，防止因沟通不畅或者不及时造成不良后果，影响班级或幼儿园的正常工作，甚至产生社会的负面新闻，影响幼儿园的形象和声誉。家长投诉能否得到妥善有效的解决，将直接影响幼儿的身心健康和幼儿园的工作进展。

二、家长投诉的处理流程

家长投诉的处理流程如图4-4所示。

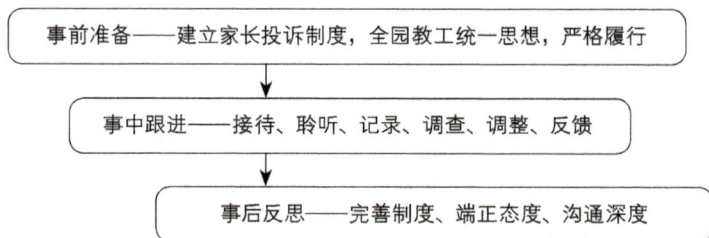

图4-4　家长投诉的处理流程

三、处理家长投诉的策略及要点

处理家长投诉的策略及要点如表4-1所示。

表4-1　处理家长投诉的策略及要点

策略	要　　点	具体表现
规范制度，强化细节	1. 幼儿园应以制度的形式明确家长投诉的处理要求，规范处理程序 2. 通过规范家长投诉的处理程序，使投诉事件的有效解决得到保障	如谁接受投诉谁处理；接受投诉时需了解记录的信息；处理投诉的程序；完成处理的时间要求
先理情绪，再理事件	1. 接受投诉时，管理者要耐心倾听家长的诉说，详细了解事情的来龙去脉，并仔细记录，以诚恳的态度赢得家长的信任 2. 积极肯定家长投诉的目的是为了幼儿的身心健康发展和提升幼儿园的工作品质，使家长感受到幼儿园对自己的尊重、理解和关注 3. 先理情绪，再理事件。缓解家长的不满情绪，再就具体事件进行沟通和引导	若投诉是由误会引起的，管理者要在倾听和沟通中逐渐消除误会；若是被投诉者工作中的问题，管理者则应诚恳地向家长表达歉意，请家长放心

续表

策略	要　点	具体表现
高度关注，建立互信	1. 管理者应先冷静分析家长投诉的心理，了解其投诉的最终目的 2. 管理者应尽量避免家长与当事人（教师等）直接对质，把焦点引向幼儿的教育与发展，而不是将各方注意力仅仅集中在分辨投诉事件孰是孰非上 3. 让投诉者充分感受到幼儿园对家长投诉事件的高度关注，使其对投诉的处理结果产生信心	大多数家长投诉的目的是希望幼儿园的工作越做越好，尽量消除家长认为的不良因素，处罚并非最终目的。同时，处理家长投诉也能让被投诉者认识到自身的职责所在，更加积极地投入幼儿的教育和发展工作中
诚恳交流，不卑不亢	1. 管理者应注重倾听，诚恳交谈，及时引导 2. 在沟通过程中应尽量使用肯定家长又不伤及被投诉者的较为中性的语句	若家长急于要求幼儿园答复，管理者可以说："我们会在尽快了解具体情况后，给您一个满意的答复。"不过早定性下结论，为接下来解决问题打好基础
及时调查，认真反馈	1. 管理者在听取家长的投诉后，要及时向相关人员了解情况，引导摆正心态，妥善寻求解决方案 2. 主动与家长沟通反馈，并达成共识，感谢家长对幼儿园工作的理解与支持	有事实依据的投诉，应该在尽快了解情况后，予以妥善解决；因误解而投诉的，应该尽快解释，消除误解，讲解幼儿园的具体情况，获得家长的理解
调整心态，积极向上	1. 正常心态：幼儿园作为一个面向大众的服务机构，有形形色色的家长，就会有各种各样的需求，无论家长出于什么原因来幼儿园投诉，都是很正常的一件事。管理者或当事人既不要为此过分忧虑，也不要想方设法回避。把处理家长的投诉看作幼儿园的一项基本工作 2. 重视心态：无论家长出于什么原因，投诉的是什么问题，幼儿园都要认真对待，给予高度重视。这表明了幼儿园对工作和家长负责任的态度 3. 紧迫心态：问题拖的时间越长，家长的不满意度就会越低。要在最短的时间内，拿出解决问题的办法，并获得家长的认可。问题解决得越快，家长的满意度就越高，这种高满意度，经常会让投诉的家长转变为幼儿园的积极拥护者和支持者	端正三种心态，积极面对家长投诉，有则改之，无则加勉，化干戈为玉帛

总之，在处理家长投诉的过程中，应秉承以幼儿为本的指导思想，坚持以平和负责的态度面对事件的全过程，让家长充分感受到幼儿园每位教工的专业、敬业、乐业，从而更加支持幼儿园的工作。幼儿园还应不断完善健全家长投诉

的规章制度，减少或避免投诉的发生，做好充分的准备，随时以积极、正确的态度来聆听、处理家长的投诉。当然，每个投诉都有其不同的背景和特殊性，管理者要具体情况具体分析，采取合理的方式方法及时有效地解决，尽量化干戈为玉帛。

四、家长投诉处理案例

（一）小班家长投诉处理案例

案例一：孩子为什么一上幼儿园就生病？

孩子为什么一上幼儿园就生病？

案例背景：

千千妈妈向教师反映，千千自从小班开学以来总是生病，常常是好了没几天，一上幼儿园就又病了，是不是幼儿园的教师没照顾好呢？千千妈妈的投诉引起了我们的高度重视。确实，千千人如其名，是个纤弱、内敛的幼儿，平时不大言语，刚入园时相比其他幼儿显得更乖巧，哭的时间也不长，只是偶尔躲在角落里抽泣。但是，千千开学一个月以来出勤率确实比较低，家长常常给幼儿请假，说她有点咳嗽、流鼻涕等，让她在家休息。为此，我们立即召开了班务会，对照幼儿园的一日活动细则对班级工作进行了细致的自查、反思，尤其是检查幼儿的生活照顾方面是否有疏漏。我们认真分析了千千和家长的情况，决定从以下几个方面开展工作。

处理过程：

1. 探望幼儿，了解病情，减缓家长的焦虑情绪。

下班之后，我们班级的三位教师一起前往千千家探望，详细地向家长了解千千的病情，如胃口、精神状态、治疗方式等。看到我们，千千很高兴，但仍是躲在妈妈后面悄悄地看着。千千妈妈介绍，千千平时都是由爷爷奶奶在家照顾，老人家照顾得比较细致，孩子上幼儿园之前也很少生病，但是自从上幼儿园之后，就常常容易感冒，爷爷奶奶心疼孩子，只要有点流鼻涕就不让孩子上幼儿园了，而且常常抱怨幼儿园的教师没照顾好，所以她也倍感烦恼。

对于家长的心情我们表示非常理解，同时向家长详细介绍了幼儿园一日生活的组织管理以及千千在幼儿园里的表现，肯定了千千的乖巧懂事，同时提醒家长幼儿刚上幼儿园时都会有一定的分离焦虑，千千比较敏感内敛，有时候会压抑自己的情绪，再加上环境、作息时间的改变等因素，可能会影响幼儿的饮食及睡眠，从而造成身体素质下降。另外，幼儿入园前较少与外界接触，尚未发展出各种抵抗不同病菌的抗体，这也会导致他们的免疫力较弱，集体生活中交叉感染的机会也会更多些。但是这并不完全是坏事，偶尔感冒发烧是幼儿机体产生免疫力的正常反应，家长不用过于紧张。当然，我们也会进一步关注班级管理的细节，希望家长能积极配合幼儿园，关注幼儿的情绪反应，鼓励幼儿健康饮食、积极锻炼，增强身体素质。

2. 有针对性地调整班级工作，加强细节管理。

千千妈妈的投诉促使我们进一步反思班级的各项工作，经过反复梳理、讨论，我们从以下几个方面加强了幼儿一日生活的细节管理。

（1）关注幼儿情绪，照顾个体差异。

小班刚入园时哭的幼儿较多，教师的精力往往会更多地放在哭闹得比较凶的那些幼儿身上，像千千这么乖巧的幼儿确实容易被忽略。因此，我们进一步明确了班级保教人员的任务分工，确保主班教师能有序地组织情绪基本稳定的幼儿开展游戏活动，对能参与活动的幼儿多给予表扬鼓励，让每一个幼儿都能觉得自己受到了重视，与教师建立安全的依恋关系，从而愉快地融入集体。

（2）关注生活环节，加强细节管理。

我们更加密切地关注幼儿洗手、喝水、更衣、如厕等生活活动环节，教幼儿正确的洗手方法，观察幼儿的饮水量，指定专人检查幼儿的汗湿衣物是否及时更换等。针对个别体质弱的幼儿，我们在安排座位、午睡位置时都特别留意，避免幼儿受风着凉。

（3）加强体育锻炼，增强身体素质。

为了吸引幼儿情绪愉快地参与体育活动，我们调整了作息时间，幼儿吃完早餐后可以先去户外活动，在教师精心设计的各种有趣的体育游戏中愉快地参与锻炼。

我们的细心与用心得到了家长的信任，千千也很快地适应了幼儿园的集体生活，每天来园能愉快地和幼儿一起学习、游戏。

案例二：总尿裤子的西西

个别约访：总尿裤子的西西

案例背景：

开学快一个月了，小班的西西还总是会尿湿裤子，晚上教师接到西西妈妈的电话，投诉西西放学回来裤子尿湿了却没有更换，还说西西经常尿湿裤子的事情，令他们非常苦恼，奶奶为这事都哭了好几回了，希望教师能多关注。

开学一个月，小班的大部分幼儿已逐渐适应了幼儿园的生活。西西语言能力发展得较好，喜欢与幼儿交往，愿意大胆表达自己的想法，但自理能力比较弱：吃饭慢，到处洒饭粒；上厕所脱裤子对她来说更是一件难事儿，她总是尿湿裤子，严重时，书包里都装满了尿湿的裤子、袜子、鞋子。

基于这一情况，班级教师约西西妈妈到班级进行一次约访，一起沟通了解原因，并寻找合适的解决办法。

目的：通过了解幼儿在家和在园不同的教育保育情况，找出幼儿总是尿湿裤子的原因，帮助幼儿解决入厕难的问题。

形式：约访。

时间：周四17：00。

主持：班主任。

年龄：3岁8个月。

准备：开学以来西西在生活方面的观察记录。

流程：

1. 耐心倾听，安抚情绪。

班级三位教师一起接待了西西妈妈，耐心听西西妈妈讲述事情的经过，由副班主任记录西西妈妈的反馈情况。然后，三位教师向西西妈妈真诚道歉，表示没有留意到西西的裤子又尿湿了是工作上的疏忽，在以后的工作中会更细致地做好保育工作。

2. 进入主题，分析原因。

班主任引出话题："开学快一个月了，今天我们坐在一起，好好聊聊西西这段时间的情况，看看为什么西西总是尿湿裤子？"陈老师反映西西这一个月在园的情况。接下来，就西西总尿湿裤子的问题，三位教师结合观察记录讲述了她们观察到的西西在生活自理方面的情况：动手能力不强，在幼儿园里，她经常在尿很急时才往厕所跑，教师经常看到她尿急到把两条腿夹紧，手捂在腿间，一会儿就尿了；她不太会穿脱裤子，有时就算及时跑到了厕所，但由于脱裤子慢，结果还是会尿在裤子上。

从妈妈的讲述中教师了解到：原来西西一直用尿不湿，上幼儿园才没用，她对尿意不太敏感。在家里奶奶什么事都会帮西西做好，会定时把西西带到厕所，给她脱好裤子让她尿尿，这样造成西西没法掌握解便技巧。

3. 深入探讨，达成共识。

在与妈妈的沟通中教师发现，家里主要是老人照顾西西，觉得她年龄小，更愿意帮她做，很少给西西锻炼的机会。

为此，教师提出解决办法和建议。

首先，要增强西西的生活自理意识，让西西意识到自己有能力干好一些事情，为能做到力所能及的事情感到高兴。

其次，要教西西生活自理方面的技巧。可以以西西感兴趣的游戏的形式进行，如穿裤子可以通过《火车穿山洞啦》的游戏来学习，多鼓励和表扬，循序渐进地帮助她掌握生活技巧。

再次，要巩固西西生活自理方面的技能。技能的形成是一个反复的过程，要经常督促、检查、提醒幼儿，使良好的习惯得到强化。例如，在家里，家长要尽量让西西自己小便、洗手、喝水，西西小便后不会提裤子，家长就教她用两只手向上提前边和后边，通过不断练习掌握提裤子的技巧。

最后，教师给出具体建议：可以和西西一起阅读关于如厕训练的绘本，如巧虎、小熊宝宝绘本、考拉宝宝学上厕所等，增强西西及时如厕的愿望；在家里让西西自己上厕所，奶奶要尽量放手，让西西自己穿脱裤子，多给她练习的机会，家长可多用鼓励性的语言去引导，在西西做得好的情况下可以用小奖贴奖励。

教师表示在幼儿园里也会对西西重点观察，个别指导西西穿脱裤子，家园合作使西西自己能自如地上厕所。

4. 约访结束，愉快道别。

三位教师向西西妈妈致谢，感谢她能就问题与教师进行沟通和探讨，相信通过今天的约访，家园配合将更密切，能帮助西西在自理能力方面取得进步。

（二）中班家长投诉处理案例

案例一：爱打人的铮铮

爱打人的铮铮

案例背景：

宇宇妈妈向教师反映，班里的男孩子铮铮总是欺负宇宇，她曾经找铮铮的家长反映过，可铮铮的父母觉得男孩子打打闹闹很正常，甚至说铮铮被别人打的时候他们也没有介意过。这种态度让宇宇妈妈很愤怒，说要联合其他被铮铮欺负过的幼儿的家长一起向园长提出让铮铮退学，否则他们就认为幼儿在园的人身安全得不到保障。看到宇宇妈妈情绪越来越激动，我们赶紧给她递上一杯水，请她到办公室坐下来，对她的心情我们表示理解，也一定会认真对待，希望宇宇妈妈先冷静下来，给我们一点时间，积极想办法解决幼儿之间的交往冲突，避免对幼儿产生负面影响。

处理过程：

1. 召开班务会，认真分析情况，探讨解决问题的策略。

铮铮是个大块头的男孩，聪明活泼，争强好胜，喜欢和幼儿争抢打闹，平时在班里也常有幼儿投诉他又打人了。以往，我们每次都会把他叫到面前问明原因，然后让他向被打的幼儿道歉。但是这样的效果并不明显，他打人的行为越来越频繁，几乎每天都会上演这一幕，教师也觉得有点头疼了。

问题摆在面前，我们拿出了教研精神，搜集了部分关于幼儿交往能力培养的专业书籍，并向园长及有经验的老教师求教，通过班务会共同探讨解决问题的策略。

经过认真地分析，我们认为必须深入地与双方家长沟通，一方面了解铮铮的家庭教育情况，争取家长的配合支持；另一方面也要进一步安抚宇宇妈妈的情绪，帮助家长正确看待幼儿之间的冲突，培养幼儿解决问题的能力。同时，班级保教人员要共同配合，通过故事、讨论等多种形式培养幼儿的交往能力。

2. 通过家访了解铮铮的家庭教育背景，分析打人行为背后的原因。

我们对铮铮进行了家访。在家访过程中，我们了解到，铮铮平时在家里喜欢看动画片《奥特曼》以及一些警匪片等，平时也喜欢和爸爸玩打架的游戏。铮铮的父母觉得男孩子打打闹闹很正常，并没有意识到这样的行为会给幼儿造成什么不良影响。

对此，我们与家长进行了深入的交流，首先肯定了铮铮思维活跃、动作敏捷等优点，让家长打消了教师来就是为了处理投诉的抵触情绪。同时，我们也如实向家长反映了铮铮在幼儿园里与同伴相处的情况，让家长认识到如果不及时调整幼儿的行为，可能会让幼儿在幼儿园里受到孤立，对幼儿的人际交往及心理发展造成负面影响，希望家长能引起重视，引导幼儿正确看待动画片里的角色的行为，幼儿的爸爸可以多和幼儿一起玩下棋等游戏，这样既可以满足幼儿喜欢挑战的竞技需求，又可以培养幼儿的思维能力与安静、专注的学习品质。

真诚的沟通赢得了家长的理解，铮铮的父母表示会积极配合幼儿园，尝试运用教师建议的方法引导铮铮调整自己的行为方式，学习和同伴友好相处，也希望幼儿园的教师和幼儿能接纳铮铮，帮助铮铮进步。

3. 与宇宇妈妈交流，探讨如何对待幼儿之间的冲突。

为了缓解宇宇妈妈的焦虑，我们再次与宇宇妈妈进行了深入的交流。首先，介绍了我们与铮铮父母沟通的情况，以及准备在班里采取的教育措施。宇宇妈妈的态度已经缓和了很多，对教师提出的方案也表示能够接受。

接着，我们与宇宇妈妈从拉家常开始，探讨为什么幼儿之间容易产生冲突，是否所有的冲突都是不好的事情，成人应该如何看待这些冲突，如何帮助弱小的幼儿真正从心理上强大起来、培养自主解决冲突的能力等。轻松的谈话方式让宇宇妈妈敞开了心扉，诉说了自己的焦虑与苦恼，表示非常希望幼儿能学会保护自己，不要总依靠家长来解决问题。

最后，我们向宇宇妈妈推荐了《你不能参加我的生日聚会——学前儿童的冲突解决》这本专业书籍以及几本有趣的关于培养幼儿交往能力的绘本，希望能对宇宇和宇宇妈妈有所帮助。

4. 抓住教育契机，引导幼儿学习如何避免和解决冲突。

中班幼儿正处于社会交往能力与合作意识培养的关键阶段，以这次打人事件为契机，我们在班里开展了多种形式的活动，引导幼儿学习如何避免和解决冲突。

（1）给幼儿创造一个宽松的环境。

宽松的环境会让幼儿身心放松，可增加幼儿身体和心理的活动空间，促进幼儿之间融洽关系的发展，避免紧张关系的产生。宽松的环境主要包括活动材料充足，限制性要求少，鼓励性言语多等。

（2）在教育教学活动中渗透一些避免和解决冲突的基本技巧。

教师在教育教学活动中要有意识地渗透一些人际交往的技能技巧，包括如何倾听别人说话、如何向别人道谢和道歉、如何向别人提出要求、如何表达自己的愿望等。这些技能的熟练运用，可以使幼儿避免一些冲突，也能使他们自己尝试解决冲突。

（3）设计冲突的情境，让幼儿学习分辨是非。

教师要有意识地设计一些教育活动，模拟现实中幼儿经常发生的一些冲突情境，让幼儿观看并进行讨论，让幼儿想一想，他们为什么会产生冲突，如何解决等。教师也可以利用现实中正在发生的冲突进行随机教育。这些活动可以促进幼儿自我反思、自我判断能力的发展。

（4）增强幼儿自己解决冲突的能力。

在幼儿园的日常生活中，冲突时有发生，所有的冲突都让教师参与解决，既不现实也不可能，而且还会增加幼儿的依赖性，削弱或剥夺他们的独立性。在教师判断幼儿之间的冲突不会造成身体伤害时，可以尝试让幼儿自己解决问题。

案例二：插班的函函

个别约访：插班的函函

活动背景：

中班第一学期转来了一位新生——函函，刚开始他活泼开朗的性格，很受幼儿欢迎。但是，经过一段时间的相处后，班里很多幼儿纷纷过来"告状"，说函函动手打人。部分被打的幼儿回家后跟家长提起了函函，久而久之，家长们也认识了这个幼儿。在一次家长开放日，上课的时候函函突然站起来走到另一个幼儿旁边打了他一巴掌，当时家长们目瞪口呆，被打的幼儿的妈妈很生气。活动结束后，家长群里议论得沸沸扬扬。某位妈妈发动群里的妈妈们，联名要求函函退学。函函妈妈见此状况马上向教师汇报，并希望教师出面制止。

基于这一情况，班主任约函函妈妈到班级进行一次约访，一起分析事件经过，并寻找合适的辅导办法。

活动目的：反馈幼儿在园与同伴交往的情况，探讨引导幼儿与他人友好相处的办法。

活动形式：约访。

活动时间：周五17：00。

活动主持：班主任。

活动年龄：4岁零2个月。

活动准备：提前与家长沟通，确定约访时间。

活动过程：

1. 回顾事件经过，正确对待发生的情况。

班主任约函函妈妈面谈回顾事件的经过，对函函在家长开放日打人的现象进行分析，同时对函函平时的表现进行反馈：函函是个聪明能干的幼儿，也能积极地参加各项活动，但有时候特别活跃，激动的时候就控制不了自己的行为。在交谈中，函函妈妈能正视幼儿的错误，对于函函打人，函函妈妈也表示很无奈，她说函函每次打人时她都及时向被打的幼儿及家长真诚道歉，也对函函进行了批评教育，当时函函都能明白打人不对，但是一旦和幼儿玩起来就全忘记了，请教师帮她想想办法。

2. 进入主题，了解幼儿在家情况。

班主任询问函函的在家情况，函函妈妈表示家长平时工作比较忙，很少陪伴幼儿，在家里多是奶奶照看，少了家人的陪伴，幼儿爱上了看电视，比较爱看打斗的卡通片，久而久之就开始模仿电视里的人物与人打斗。

3. 探讨引导幼儿与他人友好交往的方法。

班主任与函函妈妈一起分析，探讨如何引导函函与他人友好交往。首先，教师提出了良好的亲子关系及亲子陪伴的重要性，建议函函爸爸和函函妈妈多花时间陪伴幼儿，消除孤独感，建立安全感。其次，教师建议函函妈妈培养幼儿与人交往的技巧，懂得分享，学习体会他人的感受。最后，教师建议多给幼儿讲故事，通过故事里的具体情节让幼儿懂得与他人友好相处的重要性和方法，这样幼儿会更愿意理解和接受。

4. 家园共育，增强信心。

班主任表示，由函函打人事件引发的其他家长联名要求幼儿退学是不恰当的，幼儿园是育人的场所，每个幼儿在幼儿园里都享有受教育的权利，教师会在这方面加以引导，请函函妈妈放心。同时班主任还表示在平时会对函函加以关注，教会他用语言表达自己的需要和想法，在他与他人发生冲突时进行现场教育，教师与家长一起共同努力，使函函融入集体。

5. 约访结束，表示感谢。

班主任对函函妈妈遇到事情时能保持冷静、主动沟通表示感谢，表示今后双方会保持密切联系，协助函函学会与他人友好交往。

（三）大班家长投诉处理案例

案例一：大班幼儿性教育案例

大班幼儿性教育案例

案例背景：

欣欣妈妈向教师反映，女儿回家告诉她，班里有一个小男孩，中午总是不好好睡觉，老用手去摸她女儿，还总喜欢蹲下去看女孩子上厕所。家长对此很气愤，觉得女儿已经受到了伤害，希望教师好好教育这个男孩子。

处理过程：

1. 安抚家长的情绪，表示班级会积极采取相应的教育策略。

教师首先安抚家长的情绪，感谢家长及时向教师反映情况，对家长的心情表示理解，同时向家长说明，每一个幼儿的隐私都应该受到保护，家长都不想让自己的宝宝受到这方面的侵犯，大班的幼儿对不同的事物充满了好奇，对性别和身体的不同充满了好奇，但这并非成人所理解的性侵犯之类，家长不要过于焦虑。针对这件事情，班级会针对性别知识开展系列的教育活动，也会将开展的情况及时向家长反馈，希望能得到家长的理解和支持。

2. 开展一系列性教育活动，引导幼儿正确看待男女的性别差异，学会自我保护。

（1）利用小帐篷在阅读区设置一个隐私区，投放一些有关性别知识的书籍，隐私区可以容纳一个幼儿在软软的靠垫上阅读。

（2）男女生分组观看有关性别及隐私教育的小视频，看完后教师与幼儿一起交流讨论：男孩子和女孩子有什么不同；哪些地方是隐私部位，不可以让别人看和摸；怎样保护自己的隐私；等等。教师通过情境讨论等方式引导幼儿了解，每个幼儿的身体都是属于自己的，应该保护好自己的隐私部位，同时也不能去碰别人的隐私部位，如果陌生人要碰我们的隐私部位，一定要及时地告诉家长和教师。

（3）私底下与被投诉的小男孩交流，保护幼儿的自尊心，帮助幼儿意识到自己的行为对他人造成的影响，从而调整自己的行为方式。"老师知道你很好奇男孩子和女孩子有什么不一样，但是有些行为会让别人觉得很不舒服。今天我们学习了如何保护别人和自己的隐私，以后知道自己该怎么做了，对吧?"男孩子羞涩地点了点头。

3. 及时向家长反馈，争取家园合作。

我们向欣欣妈妈反馈了班级开展的系列教育活动，欣欣妈妈对教师的做法表示非常认可，这样既保护了幼儿的自尊心，又满足了幼儿的好奇心，处理的方式很科学。欣欣妈妈还说，女儿告诉她，男孩子已经主动向她道歉了，她也原谅他了，因为她知道他不是故意的。同时，欣欣妈妈还建议教师可以在家长微信群里开展宣传教育，引起家长的重视。

欣欣妈妈的建议也正是我们的想法。通过微信群，我们向家长反馈了班级活动的开展情况，告诉家长如果幼儿回家对这方面感兴趣的话，家长可以陪同幼儿一起查阅了解，并正确引导幼儿保护好自己的隐私和别人的隐私。这引发了热烈的讨论，家长都觉得大班幼儿很有必要开展性教育，对班级开展此类活动表示非常欢迎。

案例二：没学到知识的明明

个别家访：没学到知识的明明

活动背景：

大班第二学期，园长收到了家长的投诉信。信里，明明妈妈讲述了自己的焦虑：小区里和明明一样大的幼儿在其他幼儿园上大班，天天都学拼音、数数、写字，明明跟他们一比什么都不会。明明妈妈认为教师对明明是很关心和照顾的，但在学习上幼儿园教得太少了，这样明明上小学时肯定要输在起跑线上。

活动目的：

反馈幼儿在园情况，了解幼儿在家情况。帮助家长了解幼小衔接的重点，提出具体办法，树立正确的育儿观。

活动形式： 家访。

活动时间： 周六上午9：00。

活动地点： 明明家。

活动主持： 班主任。

活动年龄：6岁零1个月。

活动准备：1.提前与家长沟通约定到访时间。

2. 书籍和资料：《入学早知道——儿童入学必备的八种能力》。

3. 明明的成长档案。

活动过程：

1. 分享成长，体会进步。

班级三位教师与明明妈妈沟通交流，了解明明在家情况。班主任分享明明的成长档案，反馈他在学习活动中的表现，表扬他在学习活动中表现出来的良好的学习品质；副班主任反馈明明在园与他人交往的情况；保育教师反馈明明生活自理及做值日的情况。

2. 进入主题，探讨幼小衔接。

三位教师从以下两个方面与明明妈妈进行沟通。

（1）习惯养成对幼儿成长的重要性，养成良好的学习习惯、生活习惯比学会小学的知识更重要，更能促进幼儿一生的发展。例如，培养幼儿正确的握笔姿势，可以在绘画、语言等各领域的学习活动中完成，不一定要学习如何写字，写多少字。

（2）解释在幼儿园阶段如何做好幼小衔接工作，取得家长的认同。

首先，在幼儿园阶段要将幼小衔接工作渗透在三年中。小班注重良好生活习惯的养成；中班注重社会交往、性格的培养；大班注重幼儿学习能力、学习习惯、学习品质的培养。接着，分享幼儿园教育小学化的危害。例如，大班教师每年都会与小学教师进行幼小衔接工作的交流，小学教师表示不希望幼儿在幼儿园期间提前学习小学知识，这会影响幼儿上小学后的学习兴趣，出现上课不专注等现象，不利于幼儿后期的发展。

3. 分享家庭中幼小衔接的有效方法。

（1）帮助幼儿做好上小学的心理准备。平时家长可以多带幼儿到附近的小学去看看，介绍相关的小学生活，让幼儿产生想当小学生的愿望。

（2）培养幼儿的独立意识和自我服务能力。自己的事情自己做，遇到困难和问题要自己想办法解决。

（3）加强幼儿的自我管理能力。家长要让幼儿了解学校生活的常规，让幼儿学习整理书包，独立完成自己的作业。

（4）培养幼儿的专注力。小学每节课40分钟，需要幼儿集中注意力听讲。家长要开始培养幼儿安静专注地做好一件事情。

（5）培养幼儿有序的生活作息。要让幼儿懂得什么时间应该做什么事，什么时间不能做什么事，培养一定的自控能力。

4. 了解困惑，针对解答。

了解明明妈妈还存在哪些困惑，现场进行解答。

5. 家访结束。

对明明妈妈愿意及时沟通表示感谢，并表示在今后会保持联系，将明明的进步和变化进行反馈。

第三节　传染病爆发的处置

一、传染病及做好传染病防治的意义

传染病是指能够在人群中或在人与动物之间引起流行的感染性疾病。

托幼机构是幼儿群居的地方，是易发生传染病的重要场所。幼儿处于传染病的易发年龄期，相互间接触密切，属易感人群。有效控制传染病疫情，保障广大师生的身体健康，确保幼儿园各项工作的顺利进行，维护学校正常的教学秩序，维护社会的稳定，做好幼儿园传染病的防治工作，切实有效地减少传染病所造成的危害，对促进幼儿园工作的正常运行有着重要的意义。

二、幼儿园传染病处置工作

（一）工作原则

工作原则是坚持做到早发现、早诊断、早隔离、早治疗。

（二）组织机构

幼儿园传染病防治工作组织机构如表4-2所示。

表4-2 幼儿园传染病防治工作组织机构

成员	人员	工作安排	工作职责	联系方式
组长	园长	总指挥	负责落实上级部门有关文件精神和全园突发传染病应急安排分配	××××××
副组长	后勤副园长	组织实施应急预案，调配行政、后勤人员工作	负责后勤部门做好突发传染病应急工作所需的有关设备、消毒用品等物资的供应	××××××
副组长	业务副园长	调配班级成员及家长工作	负责检查监督指导各班教师应急工作的实施情况	××××××
组员	保健医生	做好幼儿园传染病疫情的报告、监测及疫点的消毒、传染病疫情防控等工作的具体实施	1.安置患病幼儿 2.通知家长 3.报告辖区疾控部门 4.准备患病、监测等相关资料 5.开展健康教育宣传 6.对疫点进行消毒处理 7.做好疫情监测	××××××
组员	校车司机及后勤人员	接送人员、物资保障	负责人员的接送以及疫情防控过程所需要的物资的保障	××××××
组员	各班班主任	调配班级人员及家长工作	负责记录班级发病情况；配合疾病控制中心采样化验；加强家园联系，组织班级进行疫点的卫生消毒等处理工作	××××××

（三）传染病处置工作流程及注意事项

以手足口病为例详细说明传染病处置工作流程及注意事项（如表4-3所示）。

表4-3 手足口病的处置工作流程及注意事项

内容	处置工作流程	注意事项
事件背景	2017年3月22日8：45，××班教师转告园医，该班××家长来电话说："孩子昨天放学回家后，出现发热、体温达到38.5℃以上，并于当晚10：10前往儿童医院就诊，诊断为手足口病。"	确诊后要告知教师具体隔离时限（不同的疾病有不同的隔离时限）

续表

内容	处置工作流程	注意事项
联系家长	1. "××的妈妈，您好！我是××幼儿园的××园医，上午××班的陈老师告知我宝贝昨晚前往儿童医院就诊。宝贝今天症状是否有好转？现在体温是多少？是否按时吃药呢？精神状态还好吗？……祝孩子早日康复！" 2. 告知家长："手足口病虽然是常见传染病，但也是需要隔离的，为了保证孩子的早日康复和班里其他孩子的健康，您的孩子需在家休息，症状消失后一周方能返园，需要帮助请及时电话联系园医（××××××），我们也会每天电话问候了解病情，谢谢您的配合！" 3. 请家长将医院的诊断病历拍照并发给教师	1. 园医接到班级传染病报告后，第一时间给家长打电话（用关心的语气让家长感知幼儿园教师和园医的关切和爱护） 2. 做好健康宣教，根据不同的疾病做好家长和幼儿的健康宣教，如从饮食、睡眠、生活习惯方面给予指导等 3. 务必要让家长将诊断病历复印给园医备案，以便报告辖区疾控部门
上报疾控中心	根据医院确诊的人数，按照《中华人民共和国传染病防治法》的相关要求及《深圳市中小学校及托幼机构常见传染病疫情处置指引》的要求及时报告辖区疾控中心及教育主管部门	1. 散发传染病病例的报告：发现有可疑传染症状的幼儿，应要求其及时就医，及时隔离治疗 2. 聚焦性疫情的发现与报告：在同一个班级里，短期内有多名（一天内有3例及以上或一周内有5例以上）有相似症状（如发热、起皮疹、呕吐、腹泻等）的幼儿患病，园医在获知疫情后，应立即向行政领导报告，并在24小时内向属地疾病预防控制机构和教育行政部门报告 3. 突发公共卫生事件的报告：在同一个班级里一周内有10个及以上有相似症状的可疑传染病病例。园医在获知疫情后应立即向园领导报告，并在2小时内以电话或传真等方式向属地疾病预防控制机构和教育行政部门报告
准备相关资料	落实缺勤缺课登记和追踪制度，将因病缺勤情况（发病时间、主要症状、就诊病历及家长联系电话）报告给传染病报告人	各班教师要如实填写缺勤记录表，防止家长隐瞒病情

内容	处置工作流程	注意事项
传染病疫情控制措施	在疾控中心的指导下落实各项疫情控制措施： 1. 患病幼儿按疾控中心的要求住院治疗或居家隔离；对幼儿园疫点及污染物进行消毒处理，严格执行消毒隔离制度，切断传播途径 2. 做好疫情的监测，各班主任要认真做好因病缺勤、缺课的监测工作，收集最新疫情，园医每日向疾控部门报告疫情进展，实行零报告制度 3. 积极开展有针对性的健康教育宣传；密切关注传染病的流行趋势，根据疫情发展情况及时加强宣传力度；有效利用保健宣传栏、致家长的一封信、互联网、教工培训等多种形式普及传染病的防治知识 4. 痊愈与复课标准：病愈幼儿返校时，班主任应督促其先到保健室检查，持园医出具的复课证明方可回班上课；持医院病愈返校证明的，也需到保健室复核确认登记，方可回班上课。医院病愈返校证明与园医复核结论不一致的，以园医结论为准，幼儿暂不回班上课。园医立即将有关情况报告学校领导、教育主管部门和疾控机构，协商后做出是否返校的决定，并通知幼儿和家长	1. 必要时协助疾控中心人员进行现场调查和采样工作 2. 对密切接触者根据不同病种的要求进行医学观察 3. 必要时在疾控中心和教育部门的指导下邀请专家对教职工和家长开展有针对性的健康教育讲座，消除恐慌心理 4. 疾控部门基于疫情规模、严重程度、疫情发展趋势、防控措施效果等诸多影响因素，综合开展风险评估，建议是否采取停课措施 5. 根据疫情进展情况，疾控部门和园方共同决定集中停课的班级是否按时限要求恢复上课。患病师生的复课标准与散发病例休假建议一致，休假期满即可恢复上课 6. 传染病（爆发）疫情时最有力的控制手段就是开展应急免疫接种工作。经传染病预防控制专家评估后，必要时开展应急免疫接种工作
工作总结	进一步加大对传染病防治法律法规的宣传力度，努力营造一个良好的公共卫生环境；组织形式多样的防治传染病及相关知识的健康教育活动，引导和帮助师生养成良好的卫生习惯，提高传染病防治能力	对执行不到位的或不按《中华人民共和国传染病防治法》的要求工作造成危害的，追究相关责任

三、幼儿园传染病处置案例

案例一："诺如病毒"应急处理办法及家长工作

"诺如病毒"应急处理办法及家长工作

事件背景：

3月17日早上，中一班教师接到宸宸妈妈的电话。宸宸妈妈告诉教师，昨天晚上宸宸在家里发烧了，而且有呕吐现象，家长怀疑宸宸感染了"诺如病毒"。（3月16日，宸宸来园上学，在园一天的情况良好，没有出现不良情绪。）教师立马要求家长带幼儿到医院确诊。但家长的意见是，不去医院，先在家里观察一下。

处理流程：

1. 及时报告：中一班教师发现本班有幼儿出现疑似传染病症状，立即通知园医、应急小组组长、副组长。

2. 奔赴现场：接到报告后，应急小组主要成员第一时间赶赴中一班了解情况。园医打电话给疑似传染病患者的家长，对幼儿的病情进行深入了解，并提出解决方法；班主任通知全班家长并做好家长工作，副班主任组织好本班幼儿的学习与生活活动，保育员负责班级的清洁消毒工作。

3. 启动应急预案：召开应急领导小组成员会议，部署应急方案并做好会议记录；各成员按应急工作的内容、要求分工协助，开展各项应急工作；园医完成"传染病应急预案"宣传工作。在中一班微信群里通报事件经过，稳定家长情绪，做好传染病防治的宣传工作，增强家长的卫生防疫意识和自我保护能力。

4. 全面排查：各部门负责人转达应急领导小组的决议及工作方法和要求；幼儿园各班主任对没有来园的幼儿进行电访，全面了解本班幼儿的实际情况，并如实向应急领导小组副组长报告；各班副班主任、保育员分头对本班幼儿进行全面排查，统计疑似人数报班主任；实行日报告和零报告制度。

5. 现场处理：园医指导中一班保育员开展全面消毒工作，实施具体的消毒方案和消毒流程，尽最大的努力切断传染源，控制和消除传染病的流传；中一班班主任电访患者家长，全面了解患者发病的原因，并做好家长工作，要求家长立马带幼儿到医院确诊；副班主任做好详细的情况记录。

6. 病情追踪：园医指导全园的保教人员做好相关的工作；各班主任每天上午9：30前对没有来园的幼儿进行电访了解情况，并将人数报给业务副园长；班级保教人员继续按要求做好消毒工作；园医把好幼儿晨检关，对治愈后回园的幼儿必须严格检查，合格者才能入园，否则做好家长工作，让幼儿继续在家治疗。

7. 工作总结：中一班教师针对本班"诺如病毒"的处理情况，对全园教师进行小结。

家长工作要点：

1. 中一班教师发现本班有幼儿出现疑似传染病症状，马上微信通知全班家长并做好家长工作。电访患病幼儿的家长，全面了解患病幼儿的情况，告知家长做好家庭预防的方法，并每天对患病幼儿进行病情追踪。对没有来园的幼儿进行电访，全面了解本班幼儿的实际情况，实行日报告和零报告制度。

2. 班级教师、保育员全面开展消毒工作（如图4-5所示），加强通风、换气，幼儿的玩具、生活用具等采用消毒药液浸泡、清洗（如图4-6所示）、暴晒（如图4-7所示）等方法。每天开两次消毒灯（如图4-8所示），并保证足够的时间。尽最大的努力切断传染源，控制和消除传染病的流传。

3. 园医把好幼儿晨检关，对治愈后回园的幼儿严格检查，合格者才能入园，否则做好家长工作，让幼儿继续在家治疗。

4. 班级教师配合园医，发放《致家长的一封信》（见附件）。

5. 做到"五早"，早发现、早诊断、早报告、早隔离、早治疗，尽最大的努力切断传染源，控制和消除传染病的流传。

6. 召开班级家长会，通报事件经过及教师消毒工作的情况，对家长进行心理疏导，稳定家长情绪，让家长对中一班的环境放心。做好传染病防治的宣传工作，增强家长的卫生防疫意识和自我保护能力。

事件分析：

虽然中一班的宸宸只是疑似患有"诺如病毒"，但经过全班教师和家长的共同努力，中一班圆满解决了这一突发事件。

通过本次传染病防控工作，幼儿、家长以及全体教职工得到了深刻的教育，进一步提高了传染病防护意识和防范能力。尤其是让幼儿知道了养

图4-5　给桌椅和玩、教具消毒

图4-6　清水浸洗

图4-7 暴晒玩具

图4-8 在教室内开消毒灯消毒

成良好卫生习惯的好处，增强了家长的卫生防疫意识和自我保护能力。幼儿园会继续做好传染病防控工作，争取让传染病不在园内发生、蔓延，让每一个幼儿都能健健康康、快快乐乐地成长。

附件：

致家长的一封信

尊敬的家长：

您好！春季是呼吸道传染病的高发季节。幼儿园一贯高度重视传染病的预防工作。今年为了严防春季传染病在我园流行，幼儿园积极采取措施，对课室进行通风、消毒，落实晨检制度，加强了宣传教育的力度，同时希望家长给予配合，特向您提出如下建议。

1. 积极预防。

（1）配合幼儿园教育您的孩子养成良好的卫生习惯，搞好个人卫生，注意合理饮食，合理休息，防止过度疲劳，并注意随着气候变化而增减衣服，避免着凉而诱发感冒。

（2）尽量不要带孩子去密集的场所。

2. 及早发现病情。

密切关注孩子的身体状况，当孩子身体不舒服时要高度重视，并及时带到正规医院就诊。

3. 及早就医治疗。

如果幼儿园的保健医生发现您的孩子的病情需到医院检查治疗，希望您能及时配合幼儿园，并将孩子送去正规医院进行诊治，同时每天应与班主任沟通联系，交流孩子的病况，便于幼儿园对孩子的病况进行跟踪。

4．病愈返园要求。

根据流行病学特征，如果您的孩子出现以下症状，如发热、咳嗽、头痛、乏力、呕吐、全身酸痛，建议务必在症状完全消失、热退后两天（无传染性）、疾病痊愈后经园医检诊后方可返园。

维护和保障幼儿的健康成长，是幼儿园和家长共同的责任。只要我们共同努力，就一定能做好传染病的预防与控制工作。谢谢配合！

致家长的一封信回执

班级	姓名	家长意见并签名

3月17日

案例二：水痘应急处理办法及家长工作

水痘应急处理办法及家长工作

事件背景：

幼儿园上午的区域活动，幼儿正三三两两地在自选区域内安静活动。淇淇走到教师面前，说："老师，我手上有几个点，很痒，不知道是不是被蚊子叮了，你帮我擦点油吧。"教师看见淇淇的手臂上有突出皮肤的红色丘疹，但不像是蚊子叮的，教师立马给淇淇进行了全身检查，发现四肢、躯干等地方都有一些突出皮肤的红色丘疹，丘疹呈向心性分布，有一定的瘙痒感。会不会是起水痘了？水痘常见于2～10岁的幼儿，是一种发病急、传染性很强的传染病。水痘好发于冬、春两季，常在幼儿园或小学内流行。水痘传染性很强，病人是唯一的传染源，与之接触的幼儿若未患过水痘或未接种过疫苗约有90%的可能会发病。

处理流程：

1．及时报告：班主任立即通知幼儿园预防与控制传染病应急小组的组长（园长）、副组长（副园长）和园医。

2．奔赴现场：应急小组的主要成员第一时间到达现场，隔离患病幼儿，组织各环节的隔离消毒工作（患儿接触到的物品和所在班级的终末消毒工作）。

3. 启动应急预案：召开应急领导小组成员会议，部署应急方案并做好会议记录；各成员按应急工作的内容、要求分工协助，开展各项应急工作；园医立即（第一时间）向深圳市疾病预防控制中心、深圳市卫生监督所、深投幼教分管安全工作的部门报告幼儿园的疫情。在班级微信群里通报事件经过，稳定班级家长的情绪，做好传染病防治的宣传工作，增强家长的卫生防疫意识和自我保护能力。

4. 全面排查：各部门负责人转达应急领导小组的决议及工作方法和要求；观察患儿所在班级有无发热、皮疹出现；全园各班级加强与缺席幼儿的联系，了解缺席原因，以便及时采取预防措施；统计疑似人数报应急领导小组，实行日报告和零报告制度，做到早发现、早报告、早诊断、早隔离、早治疗。实行24小时值班制度，加强疫情通报。

5. 现场处理：园医指导患儿所在班级的保育员开展班级的全面消毒工作，实施具体的消毒方案和消毒流程，加强教室通风，尽最大的努力切断传染源，控制和消除传染病的流传；班主任电访患者家长，全面了解患者发病的原因，并做好家长工作，要求家长来幼儿园带幼儿到指定医院就诊；副班主任做好班级详细情况的记录。

6. 病情追踪：园医带领全园的保教人员，对全园室内、户外环境进行全面消毒及疫情报告等工作。检疫期间各班固定户外活动场地，各功能室暂时停用，限制幼儿活动范围，减少交叉感染的机会；户外的体育器械和大型玩具每天晚上用消毒水喷洒消毒。各班主任每天上午9：30前对没有来园的幼儿进行电访了解情况，并将人数报业务副园长。班级保教人员继续按要求做好本班的消毒清洁工作。园医把好幼儿晨检关，并做好一摸、二看、三问、四查，发现问题及时处理；对治愈后回园的幼儿必须严格检查，合格者才能入园，否则做好家长工作，让幼儿继续在家治疗。班级保教人员把好第二关，全面观察每一个进班幼儿的健康状况。医生每天增加对班级上午和下午的巡查，做好记录。严禁园内外人员随意进出幼儿园。加强家园联系（派专人接听家长的咨询电话），以免延误时机。

7. 健康教育：利用校园网、班会、宣传栏、致家长的一封信等多种形式，普及水痘的防治知识，引导师生、家长养成良好的卫生习惯，做好健康教育，消除恐慌心理。告知家长，1~6岁的易感幼儿可以进行水痘疫苗接种。发现水痘病人要及早隔离治疗，室内加强通风、换气，玩具、生活用具采用消毒药液浸泡或暴晒等方法。不让易感儿与患儿接触，不带幼儿到人多、空气不流通的场所活动。对与水痘有密切接触的师生进行就地隔离，对生病休息的幼儿做好电话访问和上门家访，并做好记录。

8. 工作总结：班级教师针对本班水痘疫情的处理情况，对全园教师进行小结。

家长工作要点：

1. 班级教师发现本班有一个幼儿出现水痘传染病症状，立即通知幼儿园预防与控制传染病应急小组的组长（园长）、副组长（副园长）和园医。园医第一时间向深圳市疾病预防控制中心、深圳市卫生监督所、深投幼教分管安全工作的部门报告幼儿园的疫情。

2. 在班级微信群里通报事件经过，稳定班级家长的情绪，做好传染病防治的宣传工作，增强家长的卫生防疫意识和自我保护能力。班主任电访患儿家长，全面了解患者发病的原因，并做好患病幼儿的家长工作，要求家长来幼儿园带幼儿到医院就诊，并每天对患儿进行病情追踪。对没有来园的幼儿进行电访，全面了解本班幼儿的实际情况，实行日报告和零报告制度。

3. 班级教师、保育员全面开展消毒工作，加强通风、换气，幼儿的玩具、生活用具等采用消毒药液浸泡、清洗、暴晒等方法。每天开两次消毒灯（中午和下午放学后），并保证足够的时间。尽最大的努力切断传染源，控制和消除传染病的流传。

4. 园医把好幼儿晨检关，并做好一摸、二看、三问、四查，发现问题及时处理；对治愈后回园的幼儿必须严格检查，需隔离观察2～3周，合格者才能入园，否则做好家长工作，让幼儿继续在家治疗。班级保教人员把好第二关，全面观察每一个进班幼儿的健康状况。医生每天增加对班级的上午和下午的巡查，做好记录。

5. 班级教师配合园医，发放《致家长的一封信》（见附件）。

6. 做到"五早"，早发现、早诊断、早报告、早隔离、早治疗，尽最大的努力切断传染源，控制和消除传染病的流传。

7. 召开班级家长会，通报事件经过及教师进行消毒工作的情况，对家长进行心理疏导，稳定家长情绪，让家长对班级的环境放心。做好传染病防治的宣传工作，增强家长的卫生防疫意识和自我保护能力。

事件分析：

班里的一个幼儿突发水痘，经过班级教师、全园保教人员和家长的共同努力，杜绝了病情的扩散，圆满地解决了这一突发事件。

通过本次传染病防控工作，全体教职工、幼儿及家长得到了深刻的教育，进一步增强了传染病防护意识和防范能力。尤其是让幼儿知道了养成良好卫生习惯的好处，增强了家长的卫生防疫意识和自我保护能力。幼儿园会继续做好传染病防控工作，争取让传染病不在园内发生、蔓延，让每一个幼儿都能健健康康、快快乐乐地成长。

附件：

致家长的一封信

尊敬的家长朋友们：

你们好！学校、托幼机构是人群密集的场所，学生又是传染病的易感群体，传染病一旦产生就会很快地传播、蔓延。为了做好水痘疫情的预防工作，确保所有孩子的身心健康，特提出如下建议，请家长与孩子共同阅读，并配合做好水痘防控的相关工作！

（1）保持良好的个人卫生习惯。家长应以身作则，和孩子一起搞好个人卫生。例如，饭前便后、外出归来后、接触公共物品后要记得勤洗手，喝开水、吃熟食，防止病从口入等。

（2）细心观察，及时就医。家长每日应勤关注孩子的身体状况，一旦孩子出现发热、起皮疹、腹泻、呕吐等症状时，要及时带到医院看医生，报告班主任，在家休息。特别要留意孩子的胸、腹、背等躯干部分是否有皮疹，勿把病毒疱疹当成蚊虫叮咬的皮疹。

（3）环境卫生好，患病机会少。每天开窗通风，每次应在半小时以上。定时开门窗自然通风，可有效减少室内空气中微生物的数量，改善室内空气质量。

（4）定期对家里的玩具、孩子的个人卫生用具（水杯、毛巾等）、餐具等物品进行清洗消毒，减少传染病的感染机会。疫情高发期，不要带孩子去人群聚集、人员混杂、空气污染的公共场所，多去开阔的地方晒太阳，衣被也要经常在阳光下晒晒以达到消毒的效果。

（5）隔离期间，不去上学。学校、托幼机构对水痘疫情采取隔离措施，家长应给予理解与配合，患病孩子在隔离期间一定不能上学，以免疾病传播扩散。待孩子痊愈后，须到校（园）医处开具《返校证明》，交予班主任，方可复课。（隔离期限：隔离至全部的水痘疱疹结痂、痂皮干燥后或不少于病后两周。）

（6）孩子出现水痘后，家人一定要注意做好以下几件事：对接触水痘疱疹液的衣服、被褥、毛巾、餐具等，要及时消毒，且不与健康人共用；如果孩子有发烧情形，最好采用湿毛巾敷额头、多喝水等物理退烧法，让病儿多休息；如果孩子出疹后持续高烧不退或有呕吐、头痛、烦躁不安等症状，应及时送医院治疗。

（7）接种水痘疫苗。接种水痘疫苗不仅能预防水痘，还能预防因水痘带状疱疹而引起的并发症。推荐儿童1岁开始接种，无水痘史的成人和青少年也应接种。1~12岁的儿童接种1剂量，13岁及以上的儿童、青少年和成人接种2剂量，间隔6~10周。

感谢您的支持配合！祝您和家人身体健康，工作顺利！

3月27日

总之，对于幼儿园传染病的发生，要坚持做到早发现、早诊断、早报告、早隔离、早治疗，确保在园幼儿的生命与健康安全。